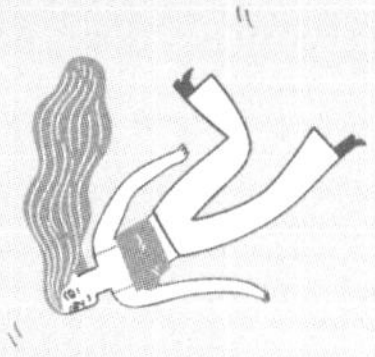

石川清美 著　陳靖涵 譯

釐清負面情緒，沒想到好事就這樣發生了

壞話筆記的魔法

ずるいくらいいいことが起こる「悪口ノート」の魔法

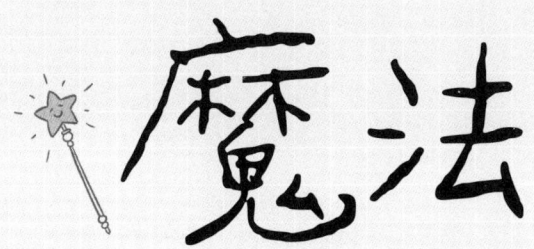

前言 為幸福而寫的魔法筆記

這本書在談「藉由把壞話寫在筆記本上，來讓自己變得幸福的方法」。即使是覺得「寫壞話會遭天譴」的人，也請放心繼續閱讀。我會這麼說，是因為我以前是個有如大猩猩般，會把自己的不爽和大便一起扔出去的女人。

- 對哭個不停的小孩說「吵死了！閉嘴！」，作勢要打他
- 要是聯絡不到男朋友，會瘋狂打電話給他
- 一時火大揍向牆壁，把右手弄到骨折
- 如果和男朋友吵架，會拿著菜刀大喊「我要去死！」

我彷彿聽到有人說「你那種說法反而對大猩猩很失禮」。

我把這些鳥事寫在〈前言〉裡，想必會有很多人立刻闔上本書。這很可能會

對書的銷售量造成負面影響，爲出版社帶來困擾。

可是在大猩猩與人類的界線徘徊的我，之所以會稍稍懷抱寫書的夢想，是因爲我引發了「人在活著的過程中脫胎換骨」的奇蹟。我獲得了一本筆記本，透過「說壞話」的方式把自己心中的不爽化作文字寫在筆記上，並依照接下來會介紹的方法寫筆記，成功地找到了我眞正想過的人生，以及理想的自己。

「我想要提供幫助，讓女人能打從內心深處感到幸福。」

「我想要變得能在人前說話、發表演說或開辦講座。」

「我想要出書。」

「我想要站在舞台上唱歌或演奏樂器。」

「我想要邂逅美好的人生伴侶。」

「我想要再次和女兒們過幸福的生活。」

這些全都實現了。相較於扔大便那時，我簡直判若兩人。

這全都要歸功於「壞話筆記」。「壞話筆記」不是爲了折磨自己而寫，而是爲了讓自己變幸福而寫的魔法筆記。

內心煩躁不安、開始在腦中責備自己或別人、身體感受到難以言喻，像被緊緊掐住的窒息感、又或者是有人對你做了很過分的事，讓你氣到快要爆炸、心中充滿恨意，到了想要殺人的程度。另外還有搞砸了某件事，覺得自己丟臉又悲哀、輸給了某人，感到後悔不已、與重要的人吵架，難過地流下眼淚、覺得看不見未來，也失去了活下去的力氣、甚至連對社會或自己都感到絕望。

這與過去、現在，還是未來無關，只要自己的心有所反應，都請你打開筆記本並拿起筆，按照內心所想把負面的情感用「壞話」寫出來。

藉由依照方法寫下「壞話筆記」，當你寫完時，「壞話」本身給人的印象也會被改寫，你應該會變得能夠感受到意想不到的幸福。我把「壞話筆記」的魔法系統化後的成品，即是「魔法的壞話筆記」。就連這樣的我也可以變幸福，所以我想表達的是「希望你也絕對不要放棄自己」。

歡迎來到只要書寫就能變幸福的「魔法的壞話筆記」世界！

「壞話筆記」

7大魔法

1 與自己關係變好

2 夫妻感情變好

3 與金錢的關係變好

4 遇見更多好人

5 人際關係變好

6 不斷吸引好的人事物

7 能與情緒和平共處

你只需要這些工具

筆記本和筆

最好選你喜歡的❤

最低要求只需要筆記本和筆。
只要有了這些，每個人都可以馬上開始。

想要用這些
來增添樂趣
也OK。

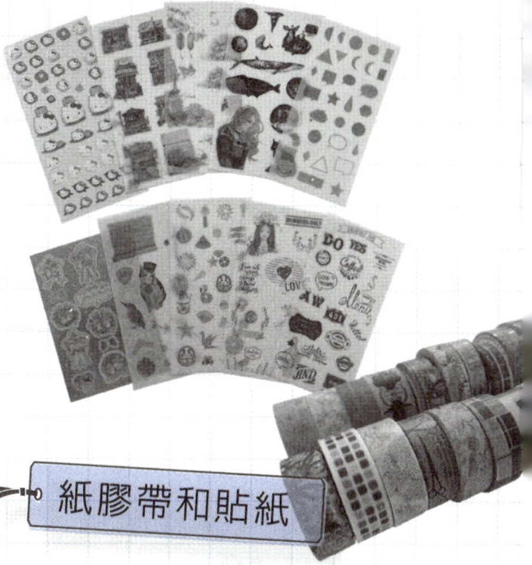

紙膠帶和貼紙

想貼哪就貼哪，
打造屬於自己的筆記

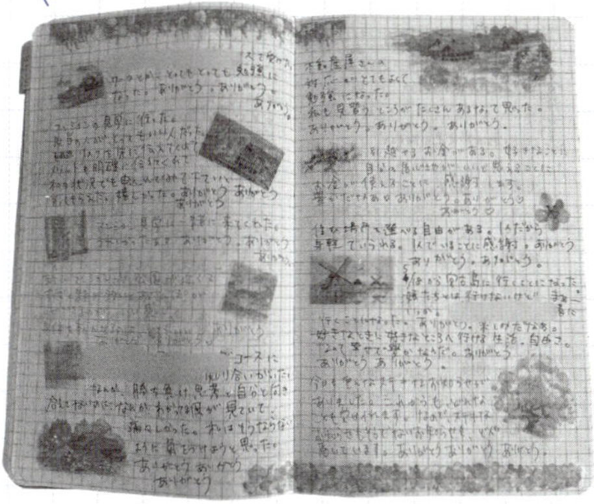

印章

鋼筆或奇異筆等

使用各種筆也OK

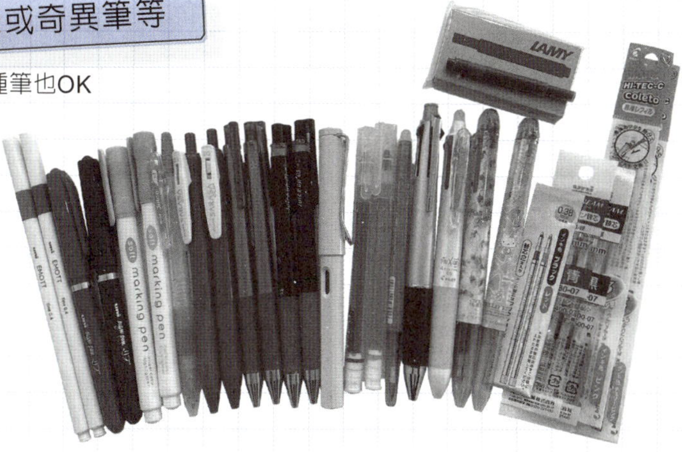

參加「壞話筆記」講座的學員分享

一開始是因為學校老師要我每天練習寫字，所以我就抱著先寫再說的心情寫了筆記。

在書寫的過程中，每天的煩躁感、悶悶不樂、藏在我所作所為背後的過去根源，以及自己醜惡的一面、設定全都接二連三地跑出來……我震驚地意識到：「是我創造了痛苦的現實？」同時，我的心變得輕盈，看到的世界也開始產生變化……等我注意到時，寫壞話筆記已經成了我不可或缺的祕密工具。（笑）

（A.S小姐）

我以前是個很在乎別人怎麼看我，不論在什麼事情上都會折磨自己，認為必須做到完美，並且應該把事情做好，但我現在會覺得可以更依賴別人一點、可以原諒自己。

透過寫壞話筆記，我深刻體會到「我可以構築自己想要的人生！」

（J.S小姐）

最重要的是過去那個怨嘆沒有人理解我，覺得很孤單的我再也回不去了。

就算未來發生了伴隨著巨大痛苦的事件，我也有壞話筆記本，也就是有可以接納那些痛苦，並提供我支持的地方。

我很確定只要有壞話筆記本，我就絕對可以變得幸福♥

（E.O小姐）

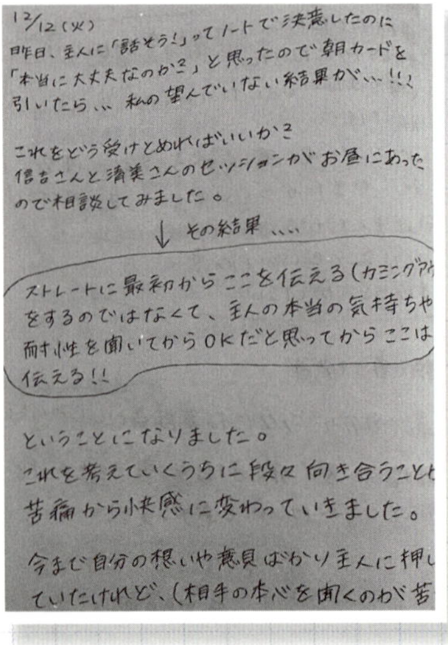
12/12（火）
昨日、主人に「話そう！」ってノートで決意したのに
「本当に大丈夫なのか？」と思ったので朝カードを
引いたら…… 私の望んでいない結果が……!!
これをどう受けとめればいいか？
信吉さんと清美さんのセッションがお昼にあったので相談してみました。
↓ その結果……
ストレートに最初からここを伝える（カミングア
をするのではなくて、主人の本当の気持ちや
耐性を聞いてからOKだと思ってからここは
伝える!!
ということになりました。
これを考えていくうちに段々向き合うことも
苦痛から快感に変わっていきました。
今まで自分の想いや意見ばかり主人に押し
ていたけれど、（相手の本心を聞くのが苦

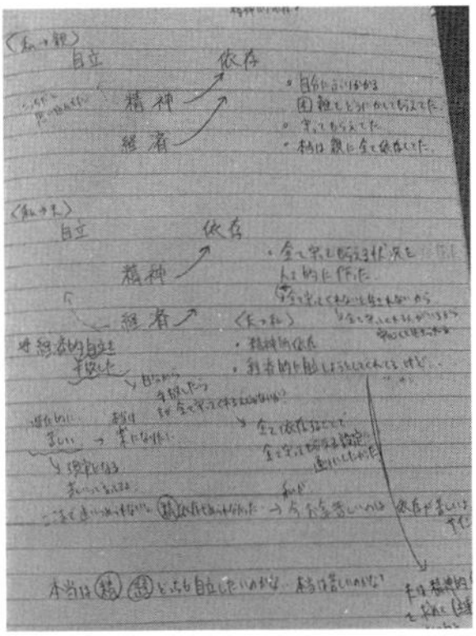

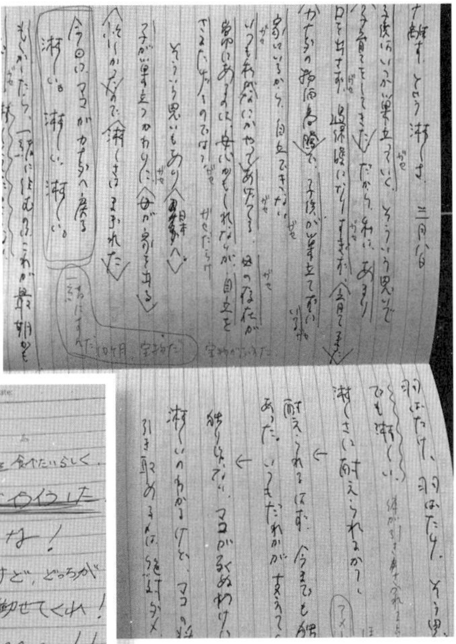

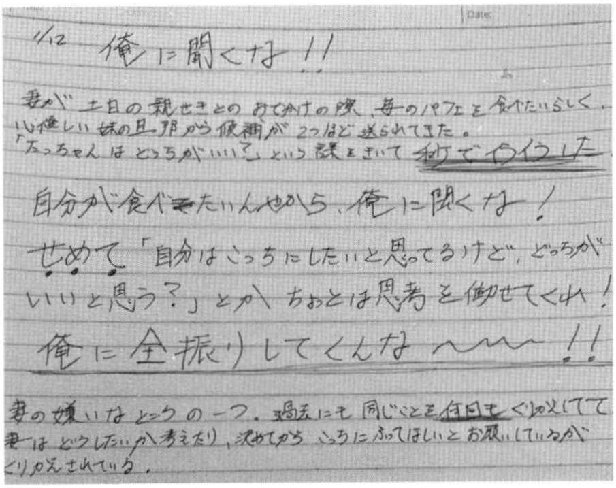

我從沒想過負面情緒的背後藏有那麼多各式各樣的答案，這個不同於過往的自我分析方法非常新鮮，開始寫筆記的最初六個月，我總想著「寫下這些後會冒出什麼呢？」對自己感到非常好奇，每天一定要寫才會滿足。（M.O小姐）

在開始寫壞話筆記之前，我對於自己會寫出有多不像樣的內容感到不安……但最後寫出來的卻都是愛，真的是非常不可思議。

我感覺我比以前更能夠接納自己了，此外，我對待小孩的方式好像也變得溫柔，與孩子們的對話變多了。（A.O小姐）

目錄

Part 1 壞話的深處，有通往幸福的門扉

去獲得解放自己的鑰匙吧！

Part 2
隱藏在壞話筆記裡的七個好處
光是書寫就能從潛意識引發變化

Part 3 如何開始寫「魔法的壞話筆記」？

【準備篇】要準備的物品，以及要先知道的事

Part 4

「魔法的壞話筆記」的寫法

不用想得太困難，請以輕鬆的心情開始

Part 5

持續寫壞話，你會瞬間移動到理想的人生

那些沒有放棄自己、重獲新生的人們

序章 筆記引發的奇蹟

我在開頭寫，我引發了「人在活著的過程中脫胎換骨」的奇蹟，但要是用奇蹟這樣的漂亮話一語帶過，未免也太可惜，畢竟我可是從小學低年級開始就在當大猩猩了。

當時，我的家庭在鄰里之間也算是有名了，不過是在不好的意義上。我的父親是巨人棒球隊的粉絲，每次一輸球就會發飆摔電視。我的母親在外面借錢，所以常會有討債的人打電話來，或是跑來家裡，我被逼著要應付他們。

我把對雙親的不滿，發洩在了妹妹和弟弟的身上，把他們當作奴隸般使喚，一不爽就毆打他們，還曾經在颱風天要我弟去附近的柑仔店買洋芋片。

現在回想起來，只覺得自己眞的該反省，不過那時的我總是處在很煩躁的狀態，除了把自己無法處理的憤怒一味地發洩在弟妹身上外，我沒有其他能消除怒火的方法。

我以前熱衷於運動，不只國小和國中時排球練得很勤，高中還當過棒球隊的經理。可是在我高中二年級時，我母親挪用了我的助學貸款，然後不幫我付學費。除此之外，我發現她甚至拿走我從國中開始送報紙存下來的錢，在學校也爲了人際關係而苦惱的我，終於厭倦一切而輟學。我離開當時居住的長崎，跑去投靠住在埼玉的親戚，算是離家出走了。我記得那時心想：「我不想讓自己的人生在這種地方結束，我要變得更加幸福！」

我自十六歲進入八大行業，並在十七歲和當時從事男公關的男友結婚，生下了長女，以爲這樣就能變幸福……沒想到這段時間相當短暫，我在二十一歲生下二女兒，帶著兩個女兒離婚了。從這個時候起，我的大猩猩化開始越演越烈。

離婚後，我馬上交了男朋友，但展開同居生活後，他突然不去工作了。我看每天打電玩的他越來越不順眼，也逐漸吵得越來越兇，甚至吵到警察介入處理。

我每天都很苦惱，心想「到底爲什麼會這麼不順？」「我到底是哪裡做得不好？」最終我和他分手，與當陪酒小姐時認識的客人再婚。我在心中發誓，這次我絕對要變幸福。

然而我到這時依舊沒能戒掉當大猩猩，在和再婚的丈夫合開的裝修公司日復一日地與員工鬧不合、爆發衝突。同時面臨第一次開公司、育兒，以及照顧父母等狀況，我的壓力越來越大，每天都很煩躁。儘管如此，公司的年營業額還是超過兩億日圓，讓我過上了不錯的生活。

乍看之下，我應該可以建立幸福美滿的家庭了，我的心卻完全沒有感到滿足。即使走到這一步，我仍然覺得：「我到底在做什麼？」爲自己而苦惱。

改變自己的方法不管用！

此時，我深深意識到自己必須要有所改變，否則沒有未來可言，因而開始心靈上的學習。我爲了讓自己脫胎換骨，自此花了長達七年的時間，花費一千多萬圓投資自己，把自己當作實驗對象，學習心理學、吸引力法則等，實踐了所有的成功法則。

爲了改變自己，我費盡千辛萬苦努力。

然而成果卻不如預期，讓我不禁有種自己只是在自憐自艾，無法再進步的感覺。

「一定是哪裡搞錯了，我都努力成這樣了，爲什麼會如此？」

我甚至開始生自己的氣。

某天，在我想起了幾年前突然在浴室裡去世的母親，寫下筆記時，我察覺自己對母親懷抱著前所未有的、極爲黑暗且複雜的心情。

母親去世前，身患帕金森氏症這種難治之症，醫生告訴我，這是一種身體會漸漸地無法依照意願行動，最終長期臥床的病症。身爲長女的我認爲必須由我來照顧母親，於是與她同住。

聽到這裡，可能會有人想說「你眞是個好女兒」，但母親突然去世的時候，與其說悲傷，我更有種如釋重負的感覺，覺得「她去世眞是太好了」。

第一個發現漂浮在浴室裡的母親的，是我還在念小學的長女。

早上六點醒來想要上廁所的我，注意到應該要在被窩裡的母親不見了。我叫醒和母親睡同一個房間的長女，問她：「外婆呢？」我最後一次感覺到母親的動靜，是前一天晚上在廁所。我和丈夫因爲參加工作的酒局，回到家時已經是深夜，我們確認廁所的電燈亮著，想說母親應該還在洗澡，就直接換衣服就寢了。

我突然感到害怕，忍不住對還在念小學的長女說「你去浴室看一下」，長女聽話跑去看，我又問她：「外婆呢？」卻沒有得到長女的回應。我帶著不安與恐懼打開浴室的門，看到了漂浮在浴缸裡的母親，以及呆呆地望著她那副模樣的長女。

我瞬間意識到自己做了很不應該的事，可是那樣的自己，不論是作爲女兒、作爲母親，還是作爲人，我都無法接受爛透了的自己，我假裝什麼事都沒發生過，在那之後也繼續無視（我愼重向長女道歉，是長女成年之後的事了）。

過了好幾年，我終於透過筆記面對了冷酷且醜陋的自己。

終於承認了藏在我心中某個角落的「罪惡感」。

然後，我發現這個罪惡感也是小學時苛待妹妹和弟弟的我所懷有的感受。

我其實一直認爲「我會變成這樣都是父母害的，不是我的錯，所以不是我不好，不好的是他們」，我眞的很討厭被父母隨意擺布，或是被當作不合理怒氣的出氣筒。然而，我最後卻和父母一樣……

人只有在接受心中那個不想看到的自己後，才有辦法改變。

我在有了這次的經驗後，深刻地反省自己不夠好的地方，重新開始努力。爲了過上真正想過的人生，我發起了行動，這也是爲了讓我不要再輕率地對待重要的人和自己。

這邊我想稍微聊一下關於「魔法的壞話筆記」誕生的祕密（雖然也不是什麼不得了的祕密）。

我並不是在一開始就覺得「我要來寫壞話」，然後幹勁十足地提筆寫。當初我只是一篇接著一篇，像寫日記那樣把每天討厭的事，或是煩躁的心情寫在筆記本上而已。

契機源自某次我回頭看之前寫的筆記，心想：「這些都是在講人家的壞話吧？」當我回過神來，我的筆記已經變成寫滿旁人或自己不好的部分，裡面盡是壞話的悲慘筆記。

我是從多久以前開始寫壞話的呢？這要回溯到我國中的時候。父親心情不好拿我出氣的時候、被最喜歡的男朋友甩了的時候、在和朋友吵架的日子，我沒辦法對任何人訴說，也沒有人懂我，我一邊在內心哭泣，一邊寫下了筆記。筆記本一直是唯一願意接納我一切的談話對象。

許多來找我的人，都在找尋「實際狀況不明且令人苦悶的煩惱」的解決線索。從主婦到男性上班族、ＯＬ、經營者，我聽了一千多人的故事。

我在他們身上找到了幾個共通點。

- **有具體且明確的煩惱的人不多**
- **他們連對親近的家人或伴侶，也沒有說出「真正的想法」**

更進一步地說，由於他們也不知道自己「真正的想法是什麼」，所以關於現狀引發的問題，他們也沒辦法區分「這是事實嗎？」「這不是事實嗎？」。

因此，在我的講座中，爲了要讓他們理解事實，我會用「先讓他們寫下想要說的話，再把話傳達給我」的方式來進行，而不是聽他們說話。

我這麼做的理由如下：

- **大部分的人不記得自己三秒前說過的內容**
- **即使問同樣的問題，回答在幾分鐘前和幾分鐘後會不一樣**
- **人有依照對自己有利的方式改變說詞的傾向，所以一切都要留下證據，免除發生「有說過還是沒說過」的爭執。**

在和許多人談過後，我發現人眞的只會用對自己有利的方式來解釋事情，是擅長把自己的事講得很好聽的生物。我們對於自己在想什麼、說出什麼樣的話要有所「自覺」，請把這件事當作讓自己變幸福的第一步。

實際上，在開始寫壞話筆記的人身上，會發生以下的變化：

「我和原本想要離婚的丈夫互相說出眞心話後，和丈夫的關係變好了。」

「我成功離開待了十六年，即使患上憂鬱症也無法離職的職場。」

「我被以自我爲中心的妻子折騰了十幾年，不過我終於離婚了，而且是和平收場。」

「我一直無法原諒七年前自殺的媽媽，但我現在最喜歡媽媽了。」

「我爲了債務而煩惱，在向家人坦承後獲得了幫助。」

「我雖然取得了三十張證照，卻無法創業，但如今我終於舉辦了自己的講座。」

另外還有非常多參加講座的學員，經歷了對當事人來說可以稱之爲奇蹟的體驗，從大到小的變化都有。即使在講座結束後，持續寫壞話筆記的人，仍然會跟我分享不少他們値得開心的近況。

所以，爲什麼只是寫壞話就引發這麼大的變化呢？

那是因爲「透過寫下壞話，我們可以認識自己的黑暗面」。你將會從和我一樣把錯都怪在別人身上的生活方式，轉換成人生由自己做主、自己開創幸福人生的生活方式。

在「魔法的壞話筆記」中，有區分素材和假素材的步驟。

所謂的素材指的是「事實」，假素材則指「不確定是否爲眞的事情」，也就是在與他人溝通時不確定是否爲事實，卻沒有確認，擅自認定是那樣的事。

在我們與朋友或家人的對話中，當說到「我覺得○○～」「好像○○～」時，敏銳的你是否發現這些全都是假素材？

有鑑於此，你現在知道了這個驚人的事實，日常對話幾乎都是用假素材在對話，所以接下來請你做好覺悟再往下閱讀。啊，我已經暴雷了呢。

大多數人會有「實際狀況不明且令人苦悶的煩惱」的原因，是因爲他們無法區分素材和假素材，但請不要悲觀的歸咎自己就是原因，一味地責備自己，要反省是可以，但否定自己並不會有任何幫助。

難得你都期待會有什麼好的資訊而拿起本書閱讀了，請務必帶著愉快的心情看下去。

只不過我必須先提醒你注意一點。本書畢竟是以「壞話」作爲契機，進而改變自己的書，因此會頻繁地出現稍微令人感到不快的表達方式。請不喜歡那種文辭的人可以選擇闔上本書，或者是不要再閱讀下去。但那些負面的情感裡，其實富含重要的事，我希望你能把這件事放在心裡的某個角落。

然後，我向有勇氣面對自己心中一切善惡的人保證，有美好的世界在等著你。來吧，你做好覺悟了嗎？請你一定要邁出步伐，走向壞話深處展開的未知世界！

Part 1

壞話的深處，有通往幸福的門扉

去獲得解放自己的鑰匙吧！

你能夠毫不猶豫地說別人壞話嗎？

「當你聽到『壞話』這兩個字，對它有什麼樣的印象？」

我在講座中一定會問這個問題，大部分的人都會說出以下的回答。

「不可以說壞話。」
「要是說別人的壞話，別人也會說自己的壞話。」
「我會擔心自己是不是也會被說壞話。」
「我討厭說壞話的人。」

諸如此類……這是一般馬上會想到的印象。
另外也有人會詳細地寫出對壞話的印象。

「說出來雖然短時間內會得到快樂，但在那之後只剩下罪惡感和不愉快的感覺。」

「內容沒有可信度。」

「有時要是有人說出壞話，不和他一起說，氣氛會變得很奇怪。」

「傳開的速度很快，而且不知道是從哪洩漏出去的。」

「我的想法是邪惡的，所以才會說出壞話，我不可以去想那種事。」

「壞話就像是來歷不明的病毒。」

我以團體的形式來討論這個問題，並且讓大家分享他們的答案，過程中可以看到大家對所有的答案表示認同，不斷點頭的樣子。每當我重複問到這個問題，都會再次深深感受到：有多少人，就有多少種對壞話的印象。

「壞話」這兩個字，竟然會讓人在生活上感受到如此大的不安與恐懼。

我們從小就被教育「不可以說別人的壞話」，在學校也會教我們待人親切，做個體貼的人。可是當腦中浮現壞話，想要把它說出來的時候，又該怎麼做才好？

不論是老師還是父母，都只會對孩子說「不可以說壞話」，要他們忍耐。小孩唯一的選擇只有忍耐這個方法，這是一個大問題吧？

可悲的是，儘管大人們冠冕堂皇地對孩子那麼說，卻會在孩子們面前大聊其他媽媽的壞話。從小孩的角度來看，肯定會覺得這是世界七大不可思議之一。

所以我認爲有必要理解人類想要說壞話的機制。

沒有人教我們處理負面情緒的方法

人的思考一天會在腦中進行大約六萬次對話，據說其中有八成都是在思考負面的事。

你知道我們的情緒有多少種類型嗎？

根據研究情緒種類的心理學家羅伯特·普拉奇克的「情緒輪」理論，人類的情緒中有三分之二，也就是七成左右是負面情緒。

除此之外，人類的各種情緒會層層疊加，再加上個性之後，共有多達兩千種類型，以其中有七成是負面情緒來看，要說「人類是負面的」也不爲過。**人類擁有那麼多負面的情緒，卻沒有人教我們該怎麼處理**，這不是很奇怪嗎？正是因爲我們不知道該怎麼處理這些負面情緒，才會和朋友在背後偷偷說別人壞話、在網路上批評名人、去朋友的社群媒體匿名留言誹謗對方。

除了對別人之外，我們還會進入**大肆對自己說出否定或批判的話語、像念咒般持續地對自己的心說壞話**的狀態。

現在，日本年輕人的自殺率位居已開發國家之首，但日本明明是個不論食衣住行或娛樂，想要什麼都可以得到，放眼世界也算是富裕的國家……

所以我想要提倡用適當的方法把心中的「壞話一吐爲快」。我的意思不是單純把壞話說出來，當我們運用適當的方法把壞話變得可以控制後，相信你對「壞話」這個詞的印象會慢慢地有所改變。

在我提出「自從開始寫壞話筆記後，你們對壞話的印象有什麼樣的改變嗎？」的疑問時，來參加講座的學生給出了以下的回答。

「壞話是人生的路標。」

「裝滿寶物的寶箱的鑰匙。」

「能夠遇見陌生（沒有察覺到）的自己的最佳禮物。」

「可以像個人，很不錯。」

「是認識對方的其中一個起點。」

「大多源自於自己先入爲主的想法。」

「壞話絕對不是壞事，端看你怎麼使用。」

「認識自己的工具。」

「自己想要療癒的過去或創傷的表徵。」

「發現與解放未知的自己。」

壞話絕對不是可怕的事。

只要掌握把說出口的壞話寫下來、分解、整理的正確作法，你一定能在真相不明又令人害怕的壞話中，找到變幸福的訣竅。讓我們一起擺脫只是一味忍耐的錯誤作法吧。

不滿和厭惡、痛苦累積得太多，會發生什麼事？

你是否有時會在心中說別人的壞話？

像我就會，比方當我在趕時間，前面的人卻一邊滑手機一邊慢吞吞地走路時，我會在心裡罵說「眞擋路耶，快點走啦」，或者是當我在開車時突然有腳踏車衝出來，我就會很不爽地想說「這人是白癡嗎？最好出車禍」，另外還有在餐廳遇到態度不佳的店員時，我會在心中碎唸「這傢伙眞沒用」等。

即使是對關係親近的孩子，我也會看著亂七八糟的房間心想「好髒，眞是有夠散漫，就是因爲這樣才會連書也念不好」，或是看著孩子懶洋洋地一直盯著手機的樣子，在內心說出「難怪你會胖！多去運動啦」。

我從小時候開始，就比較不會覺得有這些想法的自己不好，理由是我的父親在表達情感上是個超級直接的人。

我在〈序章〉也有寫到，我的父親是巨人棒球隊的大粉絲。一九九〇年代，藤田總教練率領的巨人隊輸給宿敵阪神虎後，我的父親抬起放在客廳的那台黑色且有如沉重箱子的映像管電視，接著打開窗戶把它扔到了庭院。光是我知道的，就有三台電視和一台立體聲音響壯烈犧牲。

還有一次是妹妹生日時，妹妹因爲沒有蛋糕而哭泣，父親火冒三丈，用嚇人的表情要我和妹妹、弟弟坐進車裡並發動車子，然後在從自家停車場的小巷開往縣道的下坡突然加速，大吼大叫著把車直接開去撞左邊的磚牆。幸好所有人都平安無事，沒有受傷，但父親在那之後哭著說「好想死」的樣子，至今仍烙印在我的腦海裡。

另外還發生過其他的事，像是他把我忘記收起來的莉卡娃娃拿去瓦斯爐上燒、要是我沒有把玄關的鞋子排好，鞋子就會被丟到外面、把我的書包丟到庭院之類的。由於他是會施暴的人，我也曾經因爲頂嘴而被踹臉，家裡的牆壁及和式紙門上到處都是坑洞。當時父親已經和母親分居，一個男人要養育三個孩子，我想他也很辛苦，不過從孩子的角度來看，實在是很可怕。

他雖然是這樣的父親，但教學觀摩或運動會、芭蕾練習等活動他一定會來看，而且會高聲替我加油打氣。如果我在比賽上獲得了優勝，他會開心地誇獎我，也會陪我玩丟接球和一起練習馬拉松……他有時也是疼愛孩子的父親。身邊的大人曾跟我說「你長大沒有走偏，不容易啊」，不過我是到了長大成人之後，才發現其實自己確實有獲得父母的愛。

口無遮攔的經營者，因為人際關係而苦惱

我在二十九歲和前夫（第二任丈夫）經營裝修公司前，從來沒有想過要忍著不把想到的事說出來，或者是覺得不可以有惡劣的想法，這讓我意識到自己過去的人生，很有可能都非常任性地過著口無遮攔的生活。

所以我在經營公司的過程中，越來越常爲該如何與員工溝通而煩惱。我的個

性好強又傲慢，外加我作爲經營者還有很多不成熟的地方，工匠們會反彈也是沒辦法的事。

我爲了公司想要採取新的作法，工匠們卻提出反對，表示「我們沒辦法遵從那樣的作法」。還有，我把客戶的投訴轉達給員工後，員工對我的態度很差。「你以爲是誰在付薪水給你啊！既然你不要聽我的話，就乾脆辭職好了」我在心裡把做出那種反應的員工罵了一頓。

從這時開始，我爲了非常不順遂的人際關係而苦惱，於是我找了各種經營之道和心理勵志的書來看。

我從被譽爲經營之神松下幸之助的《成爲社長的人需要先知道的事》這本書中，學到率直的心很重要，也從《不生氣的技術》（嶋津良智著）學到控制憤怒的方法，另外還採納了從其他各式各樣的書籍學到的內容並付諸實踐。

我開始會責備無法完全按照書籍內容去做的自己，覺得「會有那麼過分的想法，是因爲我的個性很糟，我的想法很奇怪，所以我必須要改」。

過去會口無遮攔說出想說的話的我，變得只選擇說優秀的經營者可能會說的好話（身邊的人覺得我這樣很噁心），而且我還說服自己連在心裡想也不可以。

不用說，我的心開始崩壞，我變得不論做什麼都覺得無聊，也有了想死的念頭。我有去身心科諮詢，但對方只說「你工作很辛苦吧」，幫我開了藥。我心想：「這種藥就能治好我嗎？」而著手調查是否有其他的方法，於是我遇見了心屋仁之助先生的部落格。

我其實很痛苦！

仁先生在做的是「試著說出來的諮商」。

我決定去參加仁先生的認證講師所開的諮商培訓班，心想應該會變得輕鬆。在培訓班裡，我把對人的不滿和憤怒、憎恨和厭惡，以及對自己的不滿、否定、自責等各種負面情緒化為文字寫了出來。在這之後，我過去無法向任何人傾訴的痛苦滿溢而出，連我自己都很驚訝，原來我對過去的體驗感到悲傷和痛苦，隨後我察覺到了一些事。

「我其實很痛苦。」

「我其實討厭某某人。」

「我其實很希望有人幫我。」

我發覺我很久沒有聆聽自己眞正的心聲。

我在國中時會把情緒潦草地寫在筆記本，那時的我在某種程度上，就連醜陋且黑暗的情緒，都有好好地、珍惜地對待它，所以我才能活到現在。

我回想起這件事，把累積的情緒全都傾洩出來，然後我的心漸漸地找回活力，心情也有了餘裕，變得能夠原諒別人、能夠發現別人的體貼、能夠接受他們是眞的爲我好，才會給我建議。

這個體驗讓我明白，用適當的方法「好好說出來、寫出來」不僅可以解放心靈，還可以是讓自己變幸福的入口。

「壞話」的定義

以下是字典對於「壞話」的定義。

「把別人講得很難聽，說別人的不是，以及說出的內容。」（《廣辭苑》）

在別的字典中也有寫到「提及人或事物，刻意用貶低的方式闡述評論，以及該評論的內容。」（《新明解國語辭典》）這些定義感覺都很嚇人呢。

我也用字典或手機的搜尋功能做了很多調查，感覺上呈現方式雖然各有不同，理解上會因為用詞而稍微產生差異，但它們的共通點是取決於自己心中是否有「惡意」的意圖。

除此之外，還有羅列出兩百個壞話的網站。你也可以趁著這個機會查查看，現在的人常講的壞話都是些什麼樣的話。

其中從非常令人感到不愉快的話到很獨特的話都有，除了你可能聽過的壞話外，也有會讓人覺得「這算是壞話嗎？」的話語（不乏難以理解的壞話……）。

以下是我問客戶○小姐對於壞話的印象時，她說出的話。

「我以前會避免說壞話，但透過寫筆記，我變得能夠看見過去沒有留意、沒有看見的自己真正的心情。此外，我寫的雖然是壞話筆記，可是在我的心中好像把說出反對意見這件事，也歸類到了壞話的範圍內。」

對○小姐來說，「說出反對意見和自己的主張，就是說壞話」，所以即使她覺得「似乎哪裡不太對」，仍常常沉默不語。

我聽完她這段話，明白了原來清楚表達意見這件事，也會因人而異，給人在說壞話的印象。

壞話的範圍會因爲聽者把哪些內容視爲壞話而改變，這眞的很有趣。也就是說，如果有取決於聽的人而變成壞話的話語，表示也會有就算我們帶著惡意想說壞話，要是聽的人沒有感覺到惡意，就不算是壞話的情況。最終得到的結論，就是壞話沒有清楚的界線，感覺和霸凌的範圍很像。

◯小姐成長於雙親不會說粗俗話語的家庭，因此很擅長正向思考。由於她是在不會把心中黑暗的部分說出口的家庭長大，所以才會抗拒說出或寫下壞話吧。

不是只有嘴巴說出來的話是壞話，就算沒有說出口，當你在心裡想到時就是壞話了（這也會以能量的方式傳達給對方）。

話雖如此，我對壞話本身抱持著中性的看法，因爲我認爲壞話會依照人用什麼樣的前後文、什麼樣的態度說出，而分成「好的壞話」和「不好的壞話」這兩種類型。

「好的壞話告訴他人也無妨」「不好的壞話不值得傳達」，我自己設有明確的界線（雖然這說到底也是從我的經驗得出的想法和方法……），我在下一章節會更詳細的說明。

換個傳達方式，壞話也會受人喜愛

我說過壞話有兩種類型，具體來說有什麼樣的差別呢？

我會根據壞話是否有依照某種順序傳達來進行分類，有依照這個順序傳達的「好的壞話」，不僅對方會比較能夠接受，甚至會成爲受到喜愛的魔法壞話。

我以I小姐的例子來解釋。

I小姐總是很穩重，對每個人也都很溫柔。有一次，I小姐因爲我在講座中說「I小姐有會用自己改寫的意識（在「壞話筆記」裡會進行意識的改寫），折磨自己的模式呢」而不高興。事後I小姐用筆記寫下：「我那時爲什麼會不高興？」正視自己的心情，並把她的心情坦率地傳達給我。如果是以前的I小姐，她一定不會說出來，而選擇忍耐，但她其實希望能和我有更眞誠的交流。

Ｉ小姐是用怎樣的順序傳達給我的？

那就是三階段溝通法，這是一種把「思考、情緒、眞正的願望」分成三個階段，再來傳達心中想法的作法。

三個項目的說明如下。

- 思考：**一般常識，應該要怎麼樣，例如男人就該如何、母親就該是這樣等。**
- 情緒：**對事情產生反應後感覺到的情緒。**
- 真正的願望：**心底深處真正的聲音。**

Ｉ小姐的例子。

- 思考：**我為了那麼小的事情生氣，不是一件好事。要是我說出來，會被她討厭。**
- 情緒：**我感覺被瞧不起了，我明明也很努力，她好過分。**
- 真正的願望：**我想要有更真誠的交流。**

像這樣在心中做分類，然後把內容全部傳達出來的方法就是三階段溝通法。

舉例來說，內容會像這樣：

「前陣子清美小姐說，我有用自己改寫的意識折磨自己的模式，其實我很不高興。我明明也很努力，卻瞬間有種被瞧不起的感覺。雖然我很擔心告訴你這些會被討厭，但我想要和你有更眞誠的交流，所以我決定要告訴你。你那時爲什麼會那麼說呢？希望你能告訴我理由。」

我不只不覺得討厭，還會覺得I小姐是個坦率又可愛的人，更喜歡她了。不管是負面情緒的部分，還是她其實想要好好相處，也就是相反的另一端「愛」的部分，兩個部分都有傳達到了，沒有撒謊也沒有含糊帶過，是段非常符合原意的對話。

告訴對方的最大理由，是因爲**這麼做可以把負面情緒與自己分開來，單純當**

作**「事件」傳達給對方**。承認「瞬間有種被瞧不起的感覺」的情緒，再透過直接說出自己瞬間感覺到了那種情緒，讓它變得像「事件」一樣，對方也會比較好理解。不僅如此，坦率地承認感覺「被瞧不起」的態度，將以會讓對方產生「好感」的方式傳達出去。

面對筆記本後，再照著這個順序說出的壞話，可以好好把你的想法傳達給每一個人，請你一定要試試看！

那麼，「不好的壞話」是什麼樣的壞話呢？

那就是沒有在內心整理過，只拿出「我被瞧不起了、過分、我也很努力啊！」的情緒，單憑情緒就自認爲被害者在和別人說話的狀態。類似「清美小姐的那種說法讓我很不高興，我明明都這麼努力了，不覺得她很過分嗎？」這樣的感覺。

關鍵在於明確地區分情緒和事件，這是「壞話筆記」的步驟之一，也是很重要的部分。非常多人會在這時把兩者混在一起，所以要特別留心！

此外，關於身體方面和就算努力也於事無補的人身攻擊，是絕對不可以說出口的壞話。

沒有改寫你的內在設定，任何成功法則都會失敗

前面提到，我是在經營裝修公司時，開始心理層面的學習。

當時，「去做喜歡的事或會讓你感到興奮的事吧」這句話非常新鮮，讓人覺得選擇了喜歡或會感到興奮的事情後，就能夠成功和變得幸福。

我去參加了喜歡的女性經營者的研討會、買了精品品牌的鞋子和包包、住了高級飯店、坐了新幹線頭等艙，依循「好棒喔！好想試試看！好興奮！」的感覺採取了行動。

你猜最後的結果怎麼樣？

沒錯，說來實在是很丟臉，不僅公司虧損，我個人也負債了。我到現在都還記得很清楚，連那時一起經營公司的丈夫都對我說：「你在做的事和挪用公款是一樣的。」

我當時不懂自己哪裡做錯，但我根本「誤會」什麼叫「愛自己」和「珍惜自己」了。

我問自己：「你真的想要研討會、高級精品、高級飯店嗎？」察覺到自己的內心深處有著沒被滿足的想法。

我想要讓自己置身在不同於日常的燦爛輝煌世界中，藉此排遣平時在工作或人際關係累積的壓力。只要待在那個世界，我就可以感受到過得很順遂、成功的自己，實際上我並不是真的想要高級精品。

我面對自己真正的想法，做出了離婚和離開自己公司的決定。

再分享一個我的失敗案例。

我實踐了「每天大聲說謝謝，人生就會變好」「感謝後人生會變順遂」的方法，可是即使我大聲說謝謝，也把感謝寫到筆記本上，卻沒有獲得期待的效果，反倒是變成了不滿。

我本來就是個生性多疑的人，所以我在做的同時，內心某處也懷疑：「做這種事眞的會讓人生變好嗎？」結果我感到更加不滿，覺得「就算把感謝掛在嘴邊，那也不是眞正的感謝」，最後我只要看到過度表達感謝的人，就會一肚子火，甚至開始對感謝過敏。

爲什麼會發生這種事呢？

那是因爲我在心中做了「即使每天大聲說謝謝，人生也不會變好」的「設定」。只要我不改寫這個設定，無論我說多少次謝謝，人生也不會變好。

「設定」經由孩提時代的各種體驗，在潛意識中生根。

以我來說，我的父母總是在吵架，相較於「謝謝、感謝」這類的台詞，我在成長的過程中反而是聽了很多父親對母親吼罵、否定的言論。

因此我沒有傳達「謝謝」或「感謝」的設定，潛意識不可能因爲空有形式的「謝謝」或「感謝」而往好的方向發展。

「設定」擁有驚人的力量，只要把設定改寫，人生就會有非常大的轉變，所以稍後我也會把方法告訴你！

最快改變人生的方法

如果你想要讓人生轉往好的方向發展，就要改寫自己內心的「設定」（也可以用獨斷或成見來形容）消除不安，而不是模仿形式上的成功法則。我現在可以很有自信地說，這就是最快的方法。

所以我們要把「可是~」「因爲〇〇所以才——」的成見從心中找出來，並將之改寫。把這些成見當作線索來寫「壞話」，效果會非常好。

這世界上有一種人，總是在說別人的壞話。其中最具代表性的，以前是婦女在井邊洗衣服閒聊的場景，在我那個時代則是網路論壇。後來又更加進化，進入了在社群媒體上創辦匿名帳號，以私訊的方式直接對個人說壞話的時代。實際上，我的女兒國中時也曾在ＩＧ和抖音上被人用私訊騷擾。

「像你這樣的醜女是不可能變成女演員的，去死去死去死去死去死。」

聽說她每天都會收到像這樣的壞話。

婦女在井邊洗衣服閒聊、在網路論壇或社群媒體上談論壞話，都有一個共通點，那就是說壞話的人隱私受到了保護。在井邊洗衣閒聊有著絕對會互相保密的團結感，論壇或社群媒體擁有匿名這個「最強的盾牌」，可以在徹底地保護好自己的同時說別人壞話。我雖然沒有去過天國，但網路上有著比天國還要更無憂無慮的環境。

這也反映了一件事，我們是如此想要說壞話，我們的心中理應有著某種會忍不住想說壞話的衝動。如果是這樣，**只讓壞話單純結束在「壞」就太可惜了**。

壞話筆記，是爲了讓人在無憂無慮的環境下說壞話而生。

我很想告訴傳了「像你這樣的醜女是不可能變成女演員的」這段訊息的女兒朋友：「能夠改變現狀的提示，就藏在壞話裡唷。」

上班族T先生因爲和「想要有個孩子」的妻子在備孕的事，煩惱到甚至想要離婚，理由是他對妻子幼稚的性格感到不滿。在他剛來參加講座時，我請他把對妻子的不滿所產生的壞話全都寫到筆記本上。

不要問我！

週末和親戚出門時，我老婆似乎想要吃草莓聖代，人很好的妹夫用LINE傳了兩間餐廳來讓我們選。

當我被問到「T你覺得哪間比較好」，瞬間心情很煩躁。那是你自己想吃的東西，不要問我！至少稍微動腦思考一下，提出「我覺得這間不錯，你覺得哪間比較好？」吧！不要把問題都丟給我——！這是我老婆討人厭的地方之一。

T先生跟我分享了第一次寫妻子壞話的感想：「有一個事件展現了我從以前就覺得妻子很討厭的部分，所以我嘗試把它寫在筆記裡。之後我會繼續往下深入。這個筆記對我來說算是做了很多挑戰，我在寫的時候內心相當緊張。」

在那之後，T先生也透過寫壞話筆記，釐清了各種他煩躁的原因。

T先生是長男，從小父母就告訴他「你要繼承這個家」，對他很嚴格。他強烈地要求自己在社會上要風光體面，快被壓力給壓垮了。他其實不是不想要小孩，而是他一個人扛起了全部，自己覺得有負擔，於是對想要依賴他人的妻子感到不耐煩。

一切的開端確實是在說妻子的壞話，可是T先生讓自己痛苦的原因，其實源自「爲了歷代傳承的T家，我必須風光體面地在社會上生活」的設定。聽說T先生後來和妻子坦承自己的想法後，妻子哭著罵他「你怎麼不早點跟我說」。

我聽過許多參加講座的學生類似的神奇體驗，所以我希望壞話不要只是結束在「壞」的部分。

「壞話筆記」成爲我的神社

好了，你也差不多開始覺得壞話其實沒那麼糟了吧？

「壞話筆記」是包容你心中所有情緒的存在，就如同神社一般，是接受我們的願望的地方。

日本有非常多神社，人們通常會在一月或有活動時去參拜，在賽錢箱前把願望交託給神明。

西方人沒有神社，但他們有去教堂懺悔的習慣，源自與神共享自己的罪行，神會原諒你的教義。神社本身也有那樣的地方，在祝詞中亦有「請去除並淨化罪孽與汙穢」的話語，換句話說，神社是可以承認、去除並淨化罪過的地方。

壞話筆記完全就是「我的神社」，寫筆記和向神明祈禱，請神明幫忙去除內心的汙穢是一樣的。沒有神龕的人，請把筆記本當作神龕，貼上喜歡的神明的朱印，像是說出祝詞那樣把所有的想法寫進筆記本，這將成爲淨化的儀式。

六十多歲的M小姐每次只要和丈夫吵架，丈夫就一定會趁喝醉提離婚的事，每次她都會受到很深的傷害。即使她很努力地做了對健康有益的餐點，丈夫仍然老是在抱怨，甚至會說些無聊的話鬧她，說她很煩人。

M小姐用壞話筆記面對自己後，發現自己對「離婚」這個詞的反應過於激烈。

其實M小姐十五歲時和她的丈夫交往過，兩人當時因為懷孕的事分手，M小姐被拋棄後深受打擊，後來兩人因為命運又重逢了。

M小姐也提到了兄弟姊妹之中，只有她有不同的生母。或許是因為這樣，母親只對她嚴厲，讓她覺得自己必須拚命努力、用盡全力才會被愛。

M小姐在兒時無法從母親那獲得足夠的愛，因為有這樣的經驗，她透過盡心盡力照顧丈夫來填補。不過要是對方不感謝她，她也會感到憤怒，心想：「我明明為你做了那麼多！」

M小姐注意到這件事後，告訴丈夫：「過去我總是一副高高在上的樣子，覺得『我是好心幫你』，但以後我會轉換成『我想要幫你』『請讓我幫你』的心態。」聽說在這之後，她的丈夫態度突然變得溫和，開始一反常態，會對她說一些溫柔的話。

M小姐做的事，就只有把累積在心中的壞話「用正確的方式寫在筆記上」而已。她不只整理了過去錯綜複雜的情緒，還去除了不需要的情緒，發現小時候想要被愛的自己。透過長大成人的自己用包容的方式溫柔地拯救這段過往，小時候和現在的自己都獲得了救贖，M小姐的心變得輕盈，就連她眼前的丈夫也產生了變化——

能夠做到這種宛如魔法般的事的，正是壞話筆記。

Part 2

隱藏在壞話筆記裡的七個好處

光是書寫就能從潛意識引發變化

壞話爲何會打開潛意識的大門？

人的大腦由大腦皮質、邊緣系統、腦幹這三個部分所組成。大腦皮質也被稱爲「人的腦」，是負責掌管五感、運動、語言、記憶、思考等的部分。邊緣系統負責讓喜怒哀樂等情緒運作。腦幹的功能是維持生命，爲了活下去，它會用「避開疼痛」和「抵達安全領域」的方式發揮功能，讓我們在日常生活中能安全地生存。

尤其腦幹「避開疼痛」的功能對負面資訊會起很大的反應，因此擅長迴避危險，經常本能地在思考「要怎樣才能避開痛苦的事物？」「要怎麼做才可以避開討厭的事物？」所以我們即使不刻意去想，也會產生「要是事情變這樣該怎麼辦？」「要是事情變那樣該怎麼辦？」的想法，反覆擔心起未來還沒有發生的事，並且會想著「爲了避免事情變成那樣，我要先做好準備」，因爲不安而採取行動。

也就是說，那些負面的思考會漸漸灌輸進潛意識，製造出「設定（成見、固有觀念）」，假如「壞話」是負面思考文字化後的產物，我們與潛意識最近的距離就是「壞話」。

壞話筆記的步驟**從寫下壞話並釋放情緒開始，然後再接著區分素材（實際發生的事情或事實），以及假素材（不確定是否為真的事情）**。這樣就能先意識到自己的思考是否被假素材掌控，緊接著，大腦會發現「奇怪？不痛耶？」隱約察覺到自己誤會了。

在下個階段**「吐槽情緒三次以上」**後，我們就能更進一步地解放累積的情緒，理解連自己以前都不知道的深層感受。經過接連吐槽，潛意識中感覺的心情或想法將會浮現。

此外，我們潛意識的思考中有**折磨自己的「設定」，只要加以改寫**，被束縛的心會變得輕鬆，然後就能藉由**最後的步驟「思考真正的願望」**，自然而然地從心底深處推導出自己想要過的人生。那麼，接下來我要接著介紹，寫壞話筆記具體來說有什麼樣的好處。

Merit ①

書寫可以把自己和壞話分開

壞話會巧妙地操縱人心，滲透並侵蝕內心的每一個角落。要是持續說壞話，我們會覺得自己好像和壞話合而爲一，落入「自己是壞人」的錯誤思考模式。

壞話筆記的存在，就是爲了要打破這種可怕的狀況。不是依賴正向思考或陽轉思考（譯註：從負面事物中找出好的部分），硬要裝作沒有壞話要說，而是直接把想到的壞話或負面情緒寫出來，讓自己和壞話可以暫時分開。

在現代社會中，想要完全避開壓力或負面情緒是很困難的事，所以壞話筆記也可以說是一種心靈排毒的方法。

把壞話或負面情緒寫在壞話筆記上後，我們就能把那些先從自己的心裡排出來，冷靜地客觀看待。不論是多高昂的情緒，只要拿起筆開始寫，心便會逐漸平靜下來。很快地，我們將可以「重新審視」壞話，不會把自己想成壞人，壞話成了新的理解自我並帶來喜悅的好方法。

來參加講座的學生中，有一位活躍於全世界的醫師——O先生。他是一個很棒的人，不但非常願意奉獻自己，也總是想著要幫助他人。O先生受到許多學生尊敬，但他很害怕面對負面情緒，最初他很猶豫，覺得「寫壞話好像不太好吧……」。

他說開始寫之後，內心萌生了過去不曾有過的感覺，變得老是注意到他人不好的地方，爲此感覺到罪惡感，對有那些想法的自己產生自我厭惡的感受。由於O先生是會避免說別人壞話的人，寫壞話對他來說眞的是很痛苦的作業。不過O先生基於「我想要成長！想要變得更好！」的信念，鐵了心努力執行。之後O先生的內心萌生過去不曾有過的感覺，於是他告訴了我以下這段話。

「我過去一直都會避免說人家的壞話，但寫筆記讓我變得老是注意到他人不好的地方，讓我有罪惡感。雖然我甚至對有這些想法的自己感到自我厭惡，但寫完之後心情很暢快。關於憤怒的部分也是，口不擇言直接說出來是不好的，可是只要慎選用詞，考慮過要如何讓對方理解，即使有憤怒的情緒也沒關係。」

O先生透過寫壞話筆記，成功地把壞話從自己分離出來，變得能夠清楚地區別說壞話的自己，以及真正的自己。他因此從自我厭惡中獲得解放，進而更加深入地理解自己後，高興得不得了，如今他還把壞話筆記納入了自己的會議中。能有新的壞話夥伴，我也感到非常開心。

藉由把壞話寫下來，我們不僅不會被壞話影響，還能夠明白那只不過是一段話，不是定義我們是誰的要素。

Merit ②

喚醒過去的記憶，理解形成壞話的主要原因

過去發生的事，經常會在我們的心底深處持續造成影響，即使時間過去，大部分的人都還是有著同樣的煩惱。

第二個好處就是能透過重新審視過去發生的事，理解情緒成為內心傷口或壞話源頭的主要原因。我們彷彿經歷時間旅行般，運用壞話筆記回到過去的自己，檢驗各個時期的情緒或事件，藉此弄清楚現在的煩惱或問題是因何而起。

舉例來說，當我們回想有同樣的心情或情緒的過去時，有時腦中會浮現小時候發生的事，因此明白父母、兄弟、祖父母等對我們說的話，或者是對我們做出的行為，其實是形成壞話或負面情緒的主要原因。這種發現是心靈變輕盈的瞬間，就如同一片拼圖被拼進了對的位置。

客戶S小姐也是如此，她發覺自己兒時與父親的關係，影響到了自己現在與

孩子的關係。

S小姐表示「我一回到家就心情不好，甚至會對小孩大吼」，一直在責怪自己。S小姐雖然有全職的工作，仍然認爲自己必須把家事做得完美無缺，回到家後她也沒有時間休息，還會爲丈夫和孩子做三道菜當晚餐。

S小姐在實際寫壞話筆記時，回想起了父親在她小時候的言行，那是她無法原諒的，小時候她還因此在筆記本上寫下了「去死、去死」。

總是把「你要是不聽我的，就從這個家滾出去」當成口頭禪的父親，似乎讓S小姐覺得自己不被愛，而她的母親也對那樣的父親言聽計從，會把家事做到盡善盡美。

以下是她那時寫的筆記。

> 我的父親是個説話難聽又霸道的人。
>
> 他不論是面對誰，都是用本來的個性，真是令人羨慕。
>
> 不過我很討厭他老是把自己的標準套在別人身上，我不喜歡被強

迫。

父親從以前的口頭禪就是：

「不會打招呼的人沒救了。筷子拿不好的人沒救了。沒在工作的人沒救了。道理講不通的人沒救了。」

這麼說來，他還常說一定要享受人生。

父親有父親的人生，我只要享受我的人生就好。

我要怎麼想都好，畢竟決定「必須要這樣」並符合標準的人是自己。

S小姐回顧父親後，發覺她把自己逼到了絕境，認爲「我也要像母親那樣完美，否則不會被愛」。她也察覺到自己對孩子做出了同樣的事。

之後，S小姐向孩子和父母坦承了自己的想法，向他們尋求協助。

她也變得能夠向孩子說出：「媽媽今天很累了，我們吃納豆飯好嗎？」聽說她還問了父親：「我出生時，你開心嗎？」她的父親靦腆地回答「開心啊」，她說：「我有種小時候的自己被拯救了的感覺。」

喚醒過去的記憶，理解形成壞話主要原因的過程，不只可以淨化過去的煩惱和傷痛，還能讓心變輕盈。

不過這個過程並不簡單，要面對自己心底深處的傷口和煩惱，毫無疑問是場內心的戰爭。

儘管如此，在救出被留在過去記憶中的那時的自己後，我們終於能站上嶄新的起點。正因為經歷了那個過程，我們才能聚焦在正向的未來。

Merit ③ 可以讓兒時沒有消化完的情緒昇華

說出「小時候我很崇拜超人力霸王」這句話的，是對無法決定要吃哪家草莓聖代的妻子感到厭煩，寫下了壞話筆記的T先生（請參考58頁）。

由於T先生是T家的長男，他從小就被要求「你是哥哥，所以你要好好表現，要把妹妹照顧好」。奶奶也跟他說「你要成爲T家的支柱」，這些都讓他覺得自己必須像超人力霸王一樣，成爲T家的英雄，他不可以做出不光彩的事，害得歷代傳承下來的T家之名蒙羞。

此外，T先生在學生時期很喜歡打手球和網球。他一直覺得旁人都在注意他，因此他會給自己壓力，認爲不能讓別人看到他失敗的樣子，這導致他每次在關鍵時刻都無法發揮實力，老是當候補球員。他在考大學時，也沒能在正式考試中拿出實力，他說自己雖然勉強進入了第三志願的大學就讀，卻也給父母造成了困擾。儘管T先生自暴自棄地表示「我真的是一無是處」，但他內心某處還是有著想要改變，覺得自己並非如此的想法。

T先生寫的壞話筆記

我是從什麼時候開始感覺到自卑感、覺得自己沒有價值的？

從國中時開始，不論是參加社團還是念書，

我看著那些成為正式選手並閃閃發亮的人，都覺得很羨慕。

我想要努力追上他們，卻還是跟不上。

父母跟我說：

「你是哥哥，所以要好好表現。你要把妹妹照顧好。」

奶奶也對我說：

「你要成為T家的支柱。」

我原本也以為我會活成那樣。

我曾說過壞話筆記會喚醒過去的記憶，把那些記憶當作題材處理。小時候未消化完的情緒，是形成壞話的主要原因。好了，我們接著來談第三個好處。壞話筆記眞正的價值，在於更進一步地找出自己眞正的願望，以及療癒沒有消化完的情緒的力量。

你將會重新看到小時候的自己，在與那些負面情緒對峙時，提出更深層的問題。

「我其實希望對方說什麼？」

「我其實希望對方怎麼做？」

「我其實想要說什麼？」

「我其實想要怎麼做？」

在這個過程中，你希望聽到的話語、你想要說出的話語、你希望對方做出的行爲、你想要做的事將會浮現。

老實說，第一次見面時，T先生給人不起眼的印象。他戴著眼鏡，一副也不太在乎髮型和服裝的樣子。不過他在壞話筆記的會議中說出小時候感覺到的想法後，就連外表也漸漸地產生了變化。

T先生想要改變從學生時代起，就覺得認眞做某件事很遜的自己，於是他在參加同場講座的學生中帶頭發言、聽別人說話，也很認眞地在寫壞話筆記。

「我以前其實也很想要體驗一下青春的滋味。」T先生若無其事地說出了這句裝腔作勢的發言，我聽了當然是捧腹大笑。

只要同場講座的學生說要聚會，住在關西的T先生都會像超人力霸王一樣率先飛來參加。

就像這樣，壞話筆記具有找出心底深處的願望或欲望，指出要怎麼做才能實現的效果。誠實地面對自己的情緒和願望，消除那些沒有消化完的情緒，你將會連個性都變得不一樣，因此人生變好也是非常有可能的事。

Merit ④ 察覺自己思考和反應的模式

人類的行爲基礎源自於思考的「習慣」。

第四個好處是能夠察覺到你的思考和反應模式。

如果你覺得自己的人生總是不順遂，在你想「我要改變！」並付諸行動前，你需要知道自己有怎樣的思考和反應的習慣。

不過，當這些演變成反應的模式後，我們幾乎沒辦法自己做診斷。因爲它就如同筷子的拿法，已經變得「理所當然」到自己無法察覺的程度。

以我來說，即使我寫了很多次筆記，還是有一個強烈的習慣，就是「我明明不願意，卻還是會先順從，當下的不滿會在之後才爆發」。

這是某天在旅行途中路過的休息站發生的事。

開車的人是一位在意時間的男性，他因爲想快速吃個午餐，在停好車後立刻站到了蕎麥麵的餐劵機前，他先是點了自己要吃的炸什錦蕎麥麵，然後對我招手說道：「小清妳也吃蕎麥麵就好了吧？」接著那位男性匆忙地把蕎麥麵的餐劵拿到櫃檯，再到座位上等蕎麥麵送來。我反射性地走到餐劵機前面，短暫停留在用手指指著蕎麥麵按鈕的狀態。

緊接著，看到我那樣的男性對我說：「小清！妳不吃蕎麥麵也沒關係啦！」

我在盯著快要按到蕎麥麵按鈕的手指狀態下，突然意識到一件事。

「我想吃的不是蕎麥麵！」

然後我像是清醒過來般環視休息站，去吃了自己眞正想吃的東西。

那天晚上，我在筆記本上寫下了這件事。

在寫「壞話筆記」時，要在寫完後吐槽自己的心情。比方像以下這樣。

為什麼我不想吃蕎麥麵，卻一副打算要吃的樣子？

為什麼我會在覺得煩躁的同時，打算要買炸什錦蕎麥麵？

因為沒有時間了，我覺得很焦慮，還有因為S先生對我說的話。

【吐槽】我為什麼會覺得焦慮？

要是不快一點，會給大家添麻煩，我不喜歡這樣，所以照著S先生說的做會比較好。

【吐槽】我為什麼會覺得不喜歡給別人添麻煩？

因為我不想被罵。

【吐槽】我為什麼會覺得不想被罵？

因為很可怕。父親是個急性子，常常把「快點！」掛在嘴邊，要是動作慢了就會被他罵。所以乖乖聽父親的話，比較不會挨罵。

我在這時想起了父親對我說的話。回想起父親只要我動作慢吞吞就會變得難看的臉色，我很驚訝這竟然對我有這麼深遠的影響。

這就是我在第1章也提過的，會左右自己的「設定」！在寫「壞話筆記」時要察覺到自己的「設定」，依據需要也要對設定吐槽，然後改寫「設定」，找出眞正的願望，就像以下這樣。

【設定】不照著別人說的話做，就會被罵。
【吐槽】你覺得這個設定如何？……我已經是大人了，沒人會罵我啦！
【改寫設定】不照著別人說的做也沒關係。
【真正的願望】
我真正想成為的狀態？……「我可以依照自己的意願，做出喜歡的選擇」。
我其實想要怎麼做？……「在遇到同樣的情況時，告訴自己『我可以選自己喜歡的就好』。」

我察覺到了自己「暫時先順從」的模式，不是說這個模式全都不好，只是以我來說，儘管自己暫時先順從了，要是不能接受還是會心情不好，有時會在事後對家人或夥伴發脾氣，因爲這個原因，這是我絕對想要修改的反應模式。

思考會下意識地以過去的記憶來做出現在的選擇，若是放任不管思考或因爲條件反射而反應出的行爲，很可能會一直重複發生同樣的事。在你想要戒掉會讓自己後悔的行爲時，不管是多小的事件，都請你一定要把它寫下來。這樣一來，你就能察覺到讓自己不幸的思考模式。

如果父親能做到這一點，相信即使巨人隊輸球，他也不會把電視扔出去，我們姊弟也不會再被他當成出氣筒，眞希望父親能在天國寫壞話筆記、反省一下。

Merit ⑤

淨化情緒可以防止亂發脾氣

唉，人際關係眞的很麻煩，就像是經常抱著一顆裝滿情緒的炸彈，倘若點了火，便會引發大爆炸造成傷害。

爲了避免這樣的事情發生，我們需要「淨化情緒」。

這世界大部分的鬥爭和爭吵，都是在心中情緒無處宣洩，並且受到壓抑的狀態下誕生的。這些情緒會常在尋找可以發射炸彈的機會，下意識地找出能夠發洩不滿的對象，然後設置好陷阱。

假如對方狠狠踩進了陷阱，我們就會像是終於找到釋放累積情緒的出口，沒完沒了地把情緒發洩在對方身上。要是我們發洩情緒的對象其實心裡也有累積的情緒，便會一副「機會來了！」的樣子，開始應戰。

從情緒的角度來看，它們一直被關在內心的牢籠裡，等待逃出的機會，所以雙方瞬間都會很高興，覺得「找到出口了！」。它們本來很想恭喜彼此找到出口，但現實狀況卻不允許。

最後，我們再次累積了從對方那接收來的負面情緒，心想：「我和這個人合不來」「我沒辦法再和這個人相處了！」在心中蓋起一座高牆，以及不會再敞開的大門。你眞的希望獲得這樣的結果嗎？應該不是吧？

這種時候，壞話筆記眞的幫上了很大的忙，我自己也是因爲有筆記作爲發洩的出口，才不再任由情緒把不滿發洩在對方的身上。把情緒寫下來後，心情舒暢許多，同時也反省了自己，倒不如說甚至會讓人想要道歉，構築我們眞正渴望的關係的機會出現了。

我過去是父親在巨人輸球時的出氣筒，而我的女兒們也成了我的出氣筒，這根本是出氣筒的循環……

有一次，同住的婆婆光是聞過味道，就說「味噌鯖魚有腥臭味，沒辦法吃」，連碰都沒碰就把菜退了回來。我邊哭邊把味噌鯖魚連同盤子一起扔進水槽裡，那一刻我眞心覺得「臭老太婆，不然你自己來煮啊」（還好婆婆的房間離廚房很遠……）。

氣到哭出來的我問女兒們：「媽媽煮的魚有那麼臭嗎？」女兒們大概是覺得在這種狀況下，無論如何都不能說臭，於是異口同聲地說「媽媽煮的魚很好吃喔」。我明明是在發洩情緒，女兒們也太溫柔了，我這次高興到哭了出來。

在那之後，我像平常一樣把這整個過程寫到壞話筆記上，當然是把婆婆痛揍了一頓（在筆記上），假如這段化爲現實，肯定會以「媳婦爲照顧婆婆所苦，因此殺害婆婆？」的標題出現在新聞快報播出。

壞話筆記就是會在你以爲事情到這裡已經結束了的時候，讓事情繼續往下發展。

寫完之後，我萌生了想要詢問婆婆「我煮的味噌鯖魚，作法有什麼問題嗎？」的想法。我本來就很擅長做菜，有一定的自信，因此被挑錯時會特別生氣。可是我在寫筆記的時候，明白我其實想要變得更擅長做菜，轉念發現我需要去問婆婆該怎麼改善這個問題，當我向婆婆詢問「媽，要怎麼做才能去除腥臭味？」後，婆婆教我「只要加入大量的生薑就可以了喔」。

原來只是這個問題啊，我差點單純因爲生薑沒有加夠，就把婆婆給殺害了。

此外，當你持續寫壞話筆記，會對自己的心境瞭若指掌，所以你會變得能夠好好地用語言傳達自己的心境。

舉例來說，當我因爲生理期而身體不舒服，不想要做飯的時候，我會和女兒們商量：「媽媽今天因爲生理期而覺得心情很煩躁，所以不想要做飯，妳們覺得該怎麼辦比較好呢？」包含和丈夫吵架的時候，我也會說「媽媽今天和爸爸吵架，心情不好」，變得能夠用一般的對話來表達情緒。

藉由寫在筆記本上做整理，我開始不再累積情緒。多虧於此，我成功地跳脫了從父親繼承而來的出氣筒循環。

當你把情緒寫到筆記本上時，請想成情緒從那個瞬間開始淨化。然後只要你持續書寫，相信某天當你回過神來，會發現自己不再把情緒發洩到別人的身上，終於能過眞正安穩的生活。

Merit ⑥

把壞話拆解後，你會看清真正想說的話

你有辦法確實地用言語，把自己的意見或願望傳達給對方，實現那個願望嗎？

我拆解壞話後注意到一件事，我本來以為自己的意見或願望有傳達出去，但那其實不是我真正的願望，這讓我很驚訝。

如果帶著心中模糊的壞話傳達自己的意見，即使那句話表面上看起來像在傳達意見，背後的能量還是充滿了不滿或否定。最終傳達給對方的將不是話語本身，而是背後的負能量。你有沒有過一個經驗，就是對方雖然說了「對不起」，你內心卻感覺到：「他根本不是這麼想的吧？」

不過你在壞話筆記上寫了各式各樣的壞話後，壞話本身會慢慢被拆解，就連

整體讓你覺得火大的事情，有時也會從中察覺到「這件事確實令人火大，但我其實只是想要獲得認可而已」。

舉例來說，我們以在吵「你每次都以工作優先！到底我和工作，哪一個比較重要？」的情侶爲案例，來看看拆解壞話的順序。

「每次健治都在快要到和我約好的時間，才說因爲工作要取消！既然他那麼重視工作，乾脆去和工作交往好了！笨蛋！我到底爲什麼會和這麼不重視我的人交往啊。我眞的好痛苦……分手也很難受，我好累～」假設這段內心的吶喊被寫在了筆記本上。

你覺得這段壞話拆解後，這個人眞正想說的是什麼？此外，你覺得拆解後產生出什麼樣的意見呢？請你也在練習時一起思考看看。

如果我來把壞話拆解，最後會得到「結果，我其實很期待和健治的約會」這個眞正的願望。如果是這樣，「到底我和工作，哪一個比較重要？」的問題，眞的是這個人想說的話嗎？

透過進行拆解，我們第一次看清了「眞正的願望」，以及實現那個願望用的「意見或提案」。

比方可以像以下這樣，把內容轉變成具體的提案：「我非常期待和你的約會，老實說被取消後我很傷心，不過我也明白你很重視工作。所以我希望我們能一起想想，要怎麼做才能兩人共同度過愉快的時光。」

過去雖是「你要選哪邊？」這種帶有攻擊性的意見，但它其實可以轉換成具有建設性且和平的意見，也就是「要怎麼做才能兩邊都顧到？」。如此一來，健治應該也會覺得自己的狀況有被理解，不會感到不愉快，他說不定會變得願意事先制定好時間較爲寬裕的工作行程，或者是請求周圍的人協助。

我們持續磨練這項技巧後，不僅察覺到自己眞正願望的速度會變快，把願望傳達給對方，以及願望實現的速度應該也會顯著地提升。

Merit
⑦ 能夠平等對待所有的情緒

有部電影叫作《腦筋急轉彎》。

這部電影是擬人化的喜怒哀樂等情緒在人類的腦中登場，由他們操控主控台來讓作爲主角的少女經歷各種情緒。

這部電影演的正是我在本章想傳達的內容，有興趣的人可以欣賞看看，它會讓人認識到情緒有多重要，以及我們應該要平等地對待所有的情緒。

很多人會想盡可能地只去感受正面的情緒，試圖壓抑負面的情緒，可是所有的情緒都是我們重要的一部分。

因爲我覺得生氣也沒關係，所以當我看到生氣的人也會很冷靜；因爲我認爲悲傷也沒關係，所以當我看到悲傷的人也能夠接納對方，於是我保留空間好讓對方生氣、讓對方悲傷。

可是無法忍受的人，就會急著要給對方解決方案或建議。

讓對方不要悲傷的解決方案、讓對方不要生氣的建議，這對憤怒或哀傷來說，都只是意料之外的作法，就像徹底被否定了。

那樣一來不過是做了應急的處置，負面情緒依舊被收在心底深處，準備用非你本意的形態出現在現實生活中，然後你將會因此做出意想不到的行爲。

請你務必要一視同仁地把所有情緒都寫到壞話筆記上，用能夠接受所有情緒的方式去感受它們，等到習慣之後，你眞的會慢慢覺得它們就像自己的孩子一樣，變得越來越可愛。

之後你便能用像在哄小孩的感覺說出「啊！怒怒又跑出來了呢～眞可愛～好喔，你乖你乖，那樣眞的很討厭對吧～我懂我懂」，安撫自己的情緒。

如此一來，怒怒本身也會漸漸被療癒並露出笑容。

類似用「哎呀，又生氣了呢！哎呀，又悲傷了呢！」的態度去看待。怎麼樣，有沒有覺得它們看起來變可愛了？

由於它們是過去一直很忌妒悅悅和樂樂的情緒，所以不少人在開始寫壞話筆記後，會發現它們不停地冒出來。此外，剛開始寫時對流程還不熟悉，可能也會有令人感到難受的時候。

我接下來要分享一位客戶的小故事。

親生母親自殺的她，被親戚要求隱瞞母親自殺的事實。

她相信親戚會這樣要求，是因爲她母親的去世讓他們太難過。她以爲自己對於最愛的母親自殺這件事，不可能會感到憤怒。除此之外，她也一直壓抑對親戚的憤怒。

可是她明確接受到了來自怒怒的訊號，被壓抑的怒火一口氣爆發出來，她表現出極爲憤怒的樣子，把家人嚇了一跳。在那之後，她陷入自我厭惡中，變成更用力地在壓抑情緒。

後來她遇見了壞話筆記，也開始執行，但聽說她一開始時眞的很難受。因爲她在進行的操作，會讓她感覺到過去一直不想去感受的情緒，或者該說她在逐漸看見曾被自己視爲不存在的情緒，所以她的淚腺崩壞，每次寫筆記都會哭出來。

然而她並沒有放棄，她好好地去仔細感受了每一個情緒，平等地對待它們。很快地，她的世界一下子產生了變化。她說在和兒子們聊關於「生氣」的話題時，收到了「生氣也沒關係喔」的溫柔話語，後來她好像變得輕鬆許多。

當你靠自己接受所有的情緒後，你也會變得能夠應對他人懷有的各種情緒。你在面對他人的憤怒或悲傷時，你不會硬要找出解決方法，而是接受對方的情緒，變得可以有所共鳴。

這也會讓你能與他人建立平等的關係。

她的體驗是重要的教訓，平等地對待所有的情緒，會促使我們更理解自己、讓人際關係變圓滑，並且保持在更健康的心理狀態。

Part 3

如何開始寫「魔法的壞話筆記」？

【準備篇】

要準備的物品，以及要先知道的事

「魔法的壞話筆記」四步驟

步驟1　寫下壞話，區分素材和假素材

素材是指實際發生過的事及事實，假素材則指不確定是否為事實的事。

為了看見現況，你需要寫下並整理自己在思考的事，以及腦中所想的事。寫下腦中正在模糊思考的事，以及想起好幾次的討厭的人、事件、情緒等等，仔細做出區分，掌握狀況和自己腦內的想法。

步驟2　吐槽情緒三次以上

吐槽指的是在對自己感覺到的情緒提「為什麼會這麼覺得？」的疑問。

對自己感覺到的負面情緒提出「爲什麼會這麼覺得？」「爲什麼會有這種感覺？」的疑問，請堅持不懈地重複自問自答最少三次以上。

步驟3　找出設定並改寫

設定指的是你在潛意識中深信不疑的事、固有觀念。

找出自己有什麼樣的設定（成見、固有觀念），找到之後，把那些設定換成你喜歡的話語。

步驟4　寫下眞正的願望

眞正的願望是指自己眞正的心聲、靈魂的聲音。

你其實想要成爲怎樣的人？想像自己理想的樣子，包含行爲和心情都要寫下來。

「魔法壞話筆記」的寫法1

準備喜歡的筆記本

我堅持使用高級筆記本「Moleskine」的理由

過去總是把背後空白的裝潢報價影印紙用美工刀裁成四等分，再拿一個大夾子夾起來固定，以此來代替筆記本的我，踩著雀躍的步伐走向文具精品店，心裡想著「既然是藤本小姐在用的筆記本，那我也要用♡」。

我之所以會那麼快決定要用價格三千圓以上的高級筆記本「Moleskine」，是因爲我看了藤本小姐的部落格，她把自己的想法寫在Moleskine的筆記本，從月收十萬圓的貧窮單親媽媽，搖身一變成爲月收入一千四百萬圓的企業家。

藤本小姐是和我年紀相同的單親媽媽。「她爲什麼可以讓人生變得那麼好？」我實在很想解開這道謎題。就如同現在所謂的「推活」（譯註：推廣自己偶像的活動），我用一副像在說「舉凡藤本小姐去的地方，一定會有石川清美在」的樣子出現在了文具精品店。

所以我堅持使用的理由，是因爲「我的偶像」在用。我雖然很想這麼說，但在持續使用的過程中，我感受到了Moleskine的厲害。

在Moleskine的筆記本中，我最常選擇的是硬殼的L尺寸空白筆記本，理由是它感覺很耐用，就算我變成老婆婆了也可以繼續在書架上當裝飾。L尺寸的長寬比例是「1:1.618」，是人類覺得最好看的黃金比例。既然都要買，乾脆選個可以讓人感受到美的筆記本，所以我選了L尺寸。另外，我選空白筆記本的理由，是因爲我想把它拿來當作練習簿，讓自己習慣在筆記裡不受限制地自由書寫。

除此之外，Moleskine擁有充滿高級感的封面以及厚實的紙質，感覺得出來每一本筆記本的作工都非常講究，每次寫的時候都可以眞切地感受到我對自己的重視。把情緒寫在Moleskine上，等同於把自己的情緒視爲和Moleskine一樣高級的事物來對待。我希望大家可以一起體驗看看，就連壞話也能獲得和高級的Moleskine同等待遇的世界。

你要選用Moleskine以外的筆記本也ＯＫ，如果狀況允許，我推薦使用一千圓以上的筆記本，不過線圈筆記本是ＮＧ的選擇（我們要跨頁使用，線圈擋到手會不好書寫）。

準備好筆記本後，接著需要的是用來書寫思緒和想法的筆。

「魔法壞話筆記」的寫法2

準備的筆也要很講究

用三色原子筆做顏色分類，打造認知的界線

有時我實在太氣了，會把用右手握著的筆戳向高級的Moleskine筆記本，最後再往旁邊劃過去。這種時候筆難免會穿透兩張紙並把紙劃破，筆尖也會凹進去或歪掉。或許是多虧了Moleskine和筆，我才沒有犯下殺人的罪刑。

擔下如此重責大任的筆，是PILOT的「超細變芯三色筆」。我使用的三種顏色是深藍、藍、粉紅，顏色的部分純粹是我個人的喜好。

我會用深藍寫壞話等正文，素材則用藍色畫下〈〉符號包起來，再用粉紅在假素材下畫上底線。我之所以故意用三個顏色做出區分，是爲了在寫的同時能靠顏色清楚地感受和辨識出素材與假素材。

我在裝修公司工作的十年間看過兩萬多間房子，有我參與設計的空房往往會在轉眼間有人入住，還很幸運地被業界報紙和電視報導過，我那時最在意的，

是打開玄關第一眼看到的配色。我會選定「三種顏色」作爲房子的主題色調，再以那些顏色爲基礎來思考如何設計。這讓我明白那樣的作法會留下讓人深刻的記憶，我也把這套獨創的理論運用在壞話筆記中。

我將這套理論取名爲「三色界線理論」，並持續在做用顏色來辨識素材和假素材的訓練。

自我開始寫壞話筆記已經過了八年，我變得在腦中看得到普通對話的顏色。素材是藍色的〈　〉，假設假素材會畫有粉紅色底線，我用猜測或妄想的方式在對話時，就會看到粉紅色的底線。話雖如此，這是已經持續寫了八年的我才做得到的技巧。才要開始寫的人在腦中模擬寫筆記是危險的行爲。

至於要用什麼筆？選自己喜歡的就ＯＫ，但在挑選的時候，一定要試寫中文、英文，確保這支筆不論寫什麼樣的文字都很順手。最好的選擇是寫起來感覺適合自己的手，且可以流暢滑順地寫出心情的筆。

寫「魔法的壞話筆記」時的九個儀式

有時負面的情緒湧現，想要瘋狂寫筆記時，會遇到「啊！筆記本只剩最後一頁了」的情況。這時請你千萬不要慌慌張張地開始寫新的筆記本，我希望你越是這種時候，越不要以情緒優先，而是在做完下列第一個儀式後再著手書寫。

儀式1 開始寫和寫完時一定要寫上日期

如果你有準備新的筆記本，我第一件希望你做的事，是在打開封面後的第一頁寫上開始使用的日期。

例如請寫下「二〇二三年六月九日～」。

在寫的時候，我希望你在心中默唸「來吧！我接下來要在這本筆記本裡，寫下很多我重要的想法。接納這一切的筆記本，以後請你多多指教」，和筆記本打招呼。當然你也可以不只是默唸，而是把這段話實際寫在筆記本上。

我在第1章曾提到，筆記本是我的神社。你在寫日期時，請想成是在參拜筆記本的神明。

所以在筆記本寫到最後一頁的那一天，請你在把日期寫成完整的「二〇二三年六月九日～二〇二三年九月六日」後，再開始用下一本新的筆記本。我想你已經知道這是在做什麼了，寫日期的時候，請表達你的感謝，說出「我雖然寫了很多壞話，但謝謝你接納了這一切♡」。

儀式2

筆記本要隨時放在自己身邊

我常常在家裡工作，所以我都會把筆記本打開到那天要寫的頁面，然後放

在櫥櫃的上方。筆也是放在打開的筆記本中間，避免它滾下去，設置成當我情緒湧現時，隨時都能立刻寫下來的狀態。或許有人會問：「這樣不會被其他家人看到嗎？」但我覺得被看到也沒關係，因此不太在意。我反而還會和二女兒或三女兒分享彼此的筆記內容，即使被看到了，也只會覺得「她果然這麼想啊」。

不過像我們這樣的家庭應該比較少見，所以無論如何都不想被看到的人，請自己找地方放並保管好。我推薦可以把它放到書櫃混淆視聽，應該不容易被發現（但我不保證喔！）。

此外，外出時一定要放進包包裡，不論是去工作還是出去玩、去旅行，都要不離身地把筆記本一起帶去。對我來說，筆記本就像夥伴一樣重要，所以當我發現忘記帶筆記本的瞬間，會有種被它拋棄的感覺。

在外面發生討厭的事，沒辦法馬上寫筆記時，我就算會感到「啊～好煩喔～」，也能夠馬上在腦中切換想法，想著「等一下寫就好了」，因此筆記本對我而言就如同神社的護身符。

儀式3 日誌要從跨頁寫起

請把壞話筆記當作日誌，每天都要寫。當你心想「好！我要來寫筆記了」，幹勁十足地拿起筆後，請讓每一天都是一整個跨頁。我之所以會堅持要跨頁，是爲了擴大可以自由書寫的範圍，以及能夠一覽整體。我不想讓你連在寫筆記時，都感覺自己受到拘束，讓自己可以輕鬆愉快地跳脫框架、自由地書寫，也有益於解放心靈。

此外，刻意寫成能夠一覽整體，也是一種從宏觀角度拓展視野來看待事物的訓練。我們會感到不公平、不滿或想要說壞話時，大多是我們的思考方式變得固執，外加視野變得狹隘，對某些事深信不疑的時候。我會堅持要寫在一整個跨頁上，爲的是讓我們比較容易察覺到自己陷入了那樣的狀態。

著手寫筆記時，要從在左上寫日期的地方開始下筆。

像我的話，會在蓋上日期章後開始寫。如果沒有日期章，也可以手寫，但我很推薦購入喜歡的印章。

一天的時間即是你的生命本身，亦是你的人生。今天這一天發生了什麼事，那些事帶給你哪些感受，你做出了哪種選擇，這個過程不只是人生的價值，也是你誕生的意義。請你帶著感謝非常非常重要的時間的心情，寫下今天的日期。

儀式4 直接寫下腦海中浮現的話

「清美小姐，我雖然很想寫下腦中浮現的話，但手卻停下來了。」

站在很聽父母話，過著循規蹈矩人生的人的角度來看，即使想到了粗俗的話語或壞話，會沒辦法直接把它們寫出來也是沒辦法的事。

老實說，我自己是有辦法順暢地寫出壞話的人，可是我在教人寫壞話筆記的過程中，驚訝地發現非常多人會抗拒直接寫出腦中浮現的壞話，甚至讓我感受到文化衝擊，驚覺「原來大家沒辦法輕易的寫出壞話啊」。

因此我刻意把寫壞話筆記的過程制定爲「儀式」，希望能藉此盡可能地減少大家心理上的負擔。

爲什麼直接寫下腦中浮現的話這件事會很重要呢？

這是爲了要觀察並分析經常在你腦中反覆出現的對話，當你專心地仔細聆聽腦海中的對話，會發現那些對話有獨特的傾向。

比方那些話是在講丈夫或小孩的事，「唉～眞麻煩，這點小事就不能自己做嗎？」「至少洗個碗，或是小孩哭的時候去抱一下吧」「好吵喔～就算是小孩子，也不要以爲哭就能解決問題」。

或是在講職場上與主管、同事、下屬或客戶有關的事，「這個人又把錯推給別人了，眞的很差勁」「眞會察言觀色～相較之下我就差多了」「連交代的事都做不好嗎？眞是沒用」「即使是客戶也太跩了吧」。

生活環境會影響你一天之中經常在腦中說出的內容，你應該會注意到自己每天思考的事，相似度高得驚人。

明明只是寫下來，筆卻停在半空中、什麼也寫不出來的人，代表他們平時就會不自覺地在意「他人如何看待自己」「社會的價值觀」「常識」等別人的目光，被這些事給綁住。

請你從下個儀式開始進行嘗試，當作練習解放被綑綁住的自己。

儀式5 從「笨蛋！可惡！超不爽！」等不雅的話開始寫起

我雖然請大家直接寫下腦中浮現的壞話，但我有個好消息要告訴無論如何都寫不出來的人！

請你先用一句話來表達自身情緒。

「總覺得好煩躁～討厭。」

「我真的很不爽～」

「煩耶～那是怎樣啦！」
「啊～我受夠了！好累喔。」
「心情感覺好悶。」
「笨蛋、笨蛋、笨蛋、笨蛋！」
請像這樣，不要勉強自己整理並壓抑激動的情緒，把筆記本想成另一個自己，把想說的話全部寫出來。不過要是連這麼做都會抗拒的人，也可以從寫「嗚～」「唔～」「唔喔～」等意義不明的擬聲語開始寫。
如果像寫日記那樣從說明事情的原委下筆，心情可能會越來越煩悶，或是思緒可能會變得混亂，所以具體的內容說明請等冷靜下來後再寫。若是在想要說明的意念進入大腦的瞬間，忽略了好不容易湧現的寶貴情緒，將會兩者都掌握不到。開始書寫時，我希望你能不要在意思考，任由情緒把想說的話化爲文字並將之釋放。

儀式6 對方的名字也要明確地寫出來

這個儀式，對努力想克服寫壞話障礙的你來說，會非常恐怖。

假如你的腦海中跳出了讓你生氣的人的名字，我很抱歉，但請直接把它寫出來，而且要故意不寫敬稱。

省去敬稱有一種魔力，就算你最初猶豫地表示「咦～這樣好嗎？」，也會隨著寫的次數增加，說出「開始感覺很爽快耶」。

當我們非常火大的時候，不管對方是身分地位比較高的人，還是客戶、朋友、父母，會想省去敬稱直接喊「○○！」是人之常情。我還會寫「臭老頭！」「臭小鬼！」之類的，所以省去敬稱算可愛的寫法了。曾有男性跟我說：「我第一次聽到從女性嘴裡說出那麼不雅的話，妳是頭一個。」所以人外有人，請你放心。

刻意「省去敬稱」寫名字，有深刻的理由。

因爲這麼做可以讓年紀較大或地位較高的人，降到與自己同樣的高度，從捨去敬稱的瞬間，產生雙方立場變平等的感覺，壞話也就變得更容易寫了。

你過去或許會覺得「對比自己厲害的人說那種話不太好」，一直壓抑自己的情緒，但在筆記本裡你們可以是平等的關係。

和自己有同等的立場，或者是年紀比你小的人、小孩等，反而很容易省去敬稱對吧？

這裡省去敬稱的目的，是要拉高自己的視角，讓自己和對方站在同樣的高度，察覺到自己正在生氣。

「如果我的立場在對方之上，年紀也比對方大，我還會這麼生氣嗎？」爲了讓我們更好對自己問出這個問題，所以寫的時候要省去敬稱，磨練自己保有能綜觀全局的冷靜。

寫出對方的名字，也會成爲深入思考那個人的事的契機，寫下名字後，我們就會把注意力集中到那個人的身上，因此能成爲可以回顧過往的關係，以及仔細思考的好時機。請你就算內心會緊張，也務必要挑戰看看刻意省去敬稱。

儀式7 不要想著把字寫得漂亮或排列整齊

下了「對前夫的殺意」這個有如週二懸疑劇場的標題，並寫了壞話筆記的N小姐因爲太過憎恨前夫，用漂亮的字體寫下「我要把你的眼球捏爛、處以死刑，你給我向兒子下跪道歉」這段話。

我看到筆記裡漂亮的字跡時，甚至感覺會有生命危險，心想「我絕對不要與這個人爲敵」。

人類的情緒會反映在文字上。N小姐的字寫得這麼漂亮，還都寫在線上，但我從她寫的字感受到的，果然還是憤怒。可是我也感受到了文字裡的認眞與潔癖，以及正義感有多強。所以我會希望N小姐可以宣洩更多的情緒並解放自己，就算只是在筆記本中這麼做也好。

當價值三千圓以上的高級筆記本放在眼前，想要變成好孩子是人類的天性，畢竟我們在上國文課時，長年被教導要寫漂亮的字，不要讓漢字超出框框，所以這也是沒辦法的事。這是在用把字寫得漂亮工整，磨練我們在不擾亂秩序的情況下，與他人共同執行某事的能力。然而這也導致我們對自由地表達，或者是做與他人不同的事產生罪惡感，總會不自覺地踩下煞車。

我希望意識到自己不擅長向旁人表達感受或想法的人，在筆記本裡不要想著把字寫得漂亮，而是去體驗擺脫框架和打亂秩序，這麼做的目的是要解放你被封鎖的意識。

儀式8 沒辦法寫到最後時，中途放棄也沒關係

我提到一個月有時只做一次的瑜伽時，都會一副像是每天都做的樣子，說「我有做瑜伽的習慣」。那是因爲我擅自主張把運動習慣設定成非常簡單的模式，也就是「每個月有做一次，就算有在持續」。

你如果是個不論做什麼都三分鐘熱度，常常會在半途放棄的人，我特別希望你能看完以下的內容。

在我的講座中，會讓大家在臉書社團裡分享壞話筆記。這麼做的結果，果然在這裡也分成了會分享筆記的人，以及不會分享的人，不分享的人都有一個共通的理由。

那個理由就是他們沒辦法按照步驟寫到最後，所以無法給別人看。

雖然我告訴他們「寫不出來時，中途放棄也沒關係」，但他們仍然採納了社會的常識，認爲決定好的事情就必須好好做到最後，做到一半的狀態是不好的。

中途放棄也是一種訓練，藉此原諒感覺半途而廢的自己，請允許自己即使只有寫下日期也沒關係。

儀式 9 寫完壞話要在最後加上「♡」

有時在筆記本上寫了一大堆心愛男朋友的壞話後，會莫名有種罪惡感。「我竟然寫了這麼難聽的話……我可能眞的是個性不好又糟糕的人類」。在有這種感受的時候，我希望你能在壞話的語尾加上「♡」。

「啊～好火大♡」
「眞的是最討厭了♡」
「我要把他的眼珠挖出來捏爛♡」
「臭老爸♡不要鬧了♡」

不論是哪種粗俗的話語，後面全部都要加上「♡」，濫用這個符號。

請你比較看看使用「！」符號的壞話給人的印象，以及使用「♡」的壞話給人的印象。

「啊～好火大！」

「眞的是最討厭了！」

「我要把他的眼珠挖出來捏爛！」

「臭老爸！不要鬧了！」

感覺如何？光是在語尾加上「♡」，是不是就感覺壞話給人的印象沒那麼有攻擊性了？多虧了「♡」，不管是「最討厭了♡」還是「臭老爸♡」，都像是非常可愛又任性的孩子在鬧脾氣。這樣不僅可以利用「♡」的效果，讓原本氣到快要爆炸的情緒鎮定下來，也能用「♡」包容憤怒的自己，讓我們認同孩子氣的自己。

「負面情緒湧現的瞬間」是效果最好的寫筆記時間！

住在加拿大的O小姐說：「我在婚姻生活中，只有對我老公發飆過兩次」。以下是過去幾乎也不會和丈夫吵架的O小姐，跟我分享自從她開始寫壞話筆記後，她與加拿大丈夫關係發生變化的筆記。

我因為一件小事〈和丈夫起了爭執〉。

為了要幫我們舉辦歡送會的朋友，〈我訂了有機原料製成的利口酒，有三個種類要來試喝〉，所以我想說丈夫是不是也會想要試喝，我問他〈『你要試喝嗎？』〉，他擺出不耐煩的表情，一副覺得很難喝的樣子〈試喝了〉。

〈他對我說「這是什麼啊？好難喝！這是誰要喝的？我們明明都

不喝酒，你為什麼要買這些酒？」〉，我非常生氣。

【吐槽】「我為什麼會覺得生氣？」

我本來以為試喝利口酒，他會覺得很有趣又開心，我不喜歡他在試味道之前就否定我的行動。

【吐槽】「我為什麼覺得不喜歡被否定？」

我不喜歡本來以為他應該會開心，結果他的反應卻完全相反，我不喜歡這樣。

【吐槽】「我為什麼覺得不喜歡他的反應完全相反？」

這讓我感覺自己是不重要的人，他不和我一起感到開心讓我覺得寂寞。

O小姐發現對方不一起感到開心時，她會認爲自己是不重要的人。

【設定】對方沒有一起感到開心，我是不重要的人。

【吐槽】「真的是這樣嗎？」

沒有這回事。

【改寫設定】就算對方沒有一起感到開心，我也是重要的人。

【真正的願望】

我真正想成為的狀態？……果然還是一開始時就別生氣。我真是個心胸狹窄的女人，這樣也沒關係啦，誰叫我是人類。我希望我連自己不好的部分也能夠接納。

O小姐原諒了現在的自己。

「我其實想要怎麼做？」→自認爲對方好所採取的行動，有時對對方來說的確是多管閒事，我要學會斟酌，感謝告訴我實話的丈夫。

O小姐雖然覺得感受到負面情緒時，把它說出口或表現在態度上都是不好的事，但聽說她現在對家人感到不耐煩時，即使是洗碗洗到一半，或是正在用電腦工作，她都會停下來，立刻把情緒記錄到筆記本裡。

多虧於此，她說就連以前會忍耐不說的事，她也變得能夠當場立刻把感受說出來，與丈夫的對話也變得更加深入。

感情和「生鮮」一樣，新鮮度很重要。

「老公不幫忙做家事讓人很火大，但◯◯小姐說她老公老是在出差，幾乎都不在家，所以比起來，我老公光是每天會回家就算不錯了。」

「這個月的生活費也好緊繃，我明明這麼努力。不過貧困國家的孩子們連三餐都吃不飽，相較之下我每天三餐無虞，算是很好了。」

「現在的主管說話方式感覺話中帶刺，但他肯定沒有惡意吧。」

思考爲了讓情緒冷靜下來，會去尋找比自己更痛苦或狀況更辛苦的人來說服自己。我們一不小心就會去新聞或社群媒體上尋找比自己悲慘的事件或人的資訊。如此一來，你新鮮的情緒將在轉眼間被思考掩蓋，然後那個蓋子會被貼上寫有「沒什麼大不了」的標籤，接著被收到深處去。待它下次被發現，說不定是異味從蓋子漏出來的時候，所以請一定要注意。

這就是爲什麼在感覺到情緒的時候，立刻把它寫進筆記本很重要！

Part 4

「魔法的壞話筆記」的寫法

不用想得太困難，

請以輕鬆的心情開始

「魔法的壞話筆記」四步驟 實踐篇

準備好筆記本和筆之後，我們馬上來開始寫吧。

我之前也有寫到，壞話筆記分成四個步驟。

步驟1 **寫下壞話，區分素材和假素材**

步驟2 **吐槽情緒三次以上**

步驟3 **找出設定並改寫**

步驟4 **寫下真正的願望**

接下來我會以我的實際體驗爲基礎，解說話壞筆記的四個步驟。

這是在我打算要買自己住的房子，內心緊張興奮又雀躍時發生的事。

對過去都在幫別人打造住家的我而言，擁有自己的房子是個遙不可及的夢想，這是我給這件事的定位。所以當有這樣的機會來到我的眼前時，我實在高興到不行，也是我絕對不想搞砸的一件事。

可是，後來發生了某起事件。

當時認識的人介紹了建設公司給我，我決定請他們來蓋房子。由於這是第一次買房，我向負責人問了報價單的內容和工程相關的問題，對方的回應卻比想像中冷淡，我把那時煩悶的心情寫進了壞話筆記。

我做夢都沒有想到這段壞話筆記，會被用來當本書的參考案例，但能派上用場眞是太好了。

那麼，我們從【步驟1】開始。

步驟1 實踐篇

寫下壞話，區分素材和假素材

首先，自己的想法和思緒不是素材，要分類到假素材。

- 素材指的是**實際發生的事情或事實**
- 假素材指的是**不確定是否為真的事情**

這是爲了讓我們好好確認「我的想法或思緒有事實根據嗎？」「我有沒有擅自猜測並扭曲事實？」再把結果運用在後續的判斷和行動上。

・壞話的寫法

寫下具體的事件，以及那時感覺到的負面情緒。以跨頁的方式使用筆記本，先把日期寫在左上角，接著寫下壞話。

我當時寫的壞話筆記

感覺房子的事情進行得不太順利，第一次買自己住的房子，負責的人回應卻很敷衍又隨便，一點都不仔細。我明明要做這麼高的消費，他們的態度卻那麼馬虎？沒有說明就算了，還有一大堆讓人驚訝的事，感覺我沒被當回事，他們也太隨便了！不知道該說難過還是不甘心，心裡超不爽！那個報價單是怎樣，根本國中生做的吧！不要小看工作啊！蠢貨！我實在太擔心以後的事了。我之後要繼續讓這間公司蓋我的房子嗎？總覺得去找其他公司會比較好。可以這麼做嗎？但我剛剛跟他們說我在考慮了，唉～

我真的很後悔難過又生氣，還哭了出來，雖然那件事現在已經是美好的回憶了。

好了，壞話寫完，下一步要區別素材和假素材。

・區別素材和假素材時要使用記號

素材用〈〉框起來。

假素材畫邊線或底線（橫書的情況）。

你在做記號的時候，筆的顏色也要配合記號有所變化（本書為雙色印刷，你可以每個記號換一種顏色）。

感覺房子的事情進行得不太順利，〈第一次買自己住的房子〉，負責的人回應卻很敷衍又隨便，一點都不仔細。我明明要做這麼高

> 的消費，他們的態度卻那麼馬虎？沒有說明就算了，還有一大堆讓人驚訝的事，感覺我沒被當回事，他們也太隨便了！不知道該說難過還是不甘心，心裡超不爽！那個報價單是怎樣，根本國中生做的吧！不要小看工作啊！蠢貨！我實在太擔心以後的事了。我之後要繼續讓這間公司蓋我的房子嗎？總覺得去找其他公司會比較好。可以這麼做嗎？但我剛剛跟他們說我在考慮了，唉～

區分完素材和假素材後，看得出來我的想法漸漸在往奇怪的方向發展，可是我的怒火還是沒有平息，我握在右手的筆，筆尖戳下去的力道已經大到快要刺穿高級的Moleskine了。

寫下壞話並區分完素材和假素材後，下一步終於要進行【步驟2】的吐槽情緒了。

步驟2 實踐篇 吐槽情緒三次以上

我們要在情緒的部分加上波浪線，並對那個部分進行吐槽，所謂的吐槽，是對自己提出問題。「我爲什麼會覺得〇〇？」中〇〇的部分，一定要帶入你感受到的情緒。

・找出情緒並畫上波浪線

感覺房子的事情進行得不太順利，〈第一次買自己住的房子〉，負責的人回應卻很敷衍又隨便，一點都不仔細。我明明要做這麼高的消費，他們的態度卻那麼馬虎？沒有說明就算了，還有一大堆讓人驚訝的事，感覺我沒被當回事，他們也太隨便了！不知道該說難過還是不甘心，心裡超不爽！那個報價單是怎樣，根本國中生做的吧！不要小看工作啊！蠢貨！我實在太擔心以後的事了。我之後要繼續讓這間公司蓋我的房子嗎？總覺得去找其他公司會比較好。可以這麼做嗎？但我剛剛跟他們說我在考慮了，唉～

・吐槽「我為什麼會覺得〇〇？」〇〇的部分帶入感受到的情緒

接下來要針對吐槽（提問）的方式進行說明。

我的情緒還在憤怒到極點的狀態，但我想盡辦法努力地依照步驟繼續往下做。

「不知道該說難過還是不甘心」

「我實在太擔心」

這兩句是情緒，符合○○的部分。

「我為什麼會覺得難過和不甘心？」

我們要像這樣進行吐槽，但如果有好幾種情緒，請選擇感受特別強烈的情緒。只要是那時的情緒都可以，不要想得太難也ＯＫ。

好了，這次我決定要吐槽「我爲什麼會覺得擔心？」的部分。

【吐槽第一次】「我為什麼會覺得擔心？」

↓這明明是我心心念念的房子，卻被人用這麼隨便的態度對待，只要想到就覺得難過。這應該是要開心的事情，我不喜歡自己感到煩躁又鬱悶。

本來我對要蓋自己的房子感到既興奮又期待，但隨著事情往下進展，我對負責人產生了煩躁且鬱悶的感受。我決定深入去看自己感到「不喜歡」的部分，我一邊不斷地說服自己要冷靜，一邊看見自己的情緒。

【吐槽第二次】「我為什麼會覺得不喜歡？」

↓我不喜歡在蓋了奇怪的房子、不符合期望的房子、不滿意的房子後感到後悔。

這時我發現自己在想像蓋了不符合期望的房子，為此感到後悔的自己。我更進一步地對覺得「不喜歡後悔」的部分進行吐槽。

【吐槽第三次】「我為什麼會覺得不喜歡後悔？」

↓這是我付了很多的錢，接下來要受它照顧一輩子的家、住一輩子的重要的家，是我準備來和孩子一起過生活的幸福之地！這是會成為我和孩子的老家的地點，所以我不想要後悔，也不想要妥協。因此我不喜歡被馬馬虎虎地隨便對待。

寫到這裡，我看見了自己心底深處的情緒。我覺得重要的地方被人隨便對待，心情很煩躁又鬱悶。

吐槽最少要進行三次，有需要的情況要進行到五次或十次也行，你可以吐槽到自己滿意爲止，但就算吐槽也只會出現同樣的答案時，建議不要再繼續下去，因爲會變成在繞圈子沒完沒了。

寫到這裡，我們接著前往下個步驟。

步驟3 實踐篇 找出設定並改寫

所謂的設定，是指成見、固有觀念、信念。

我們要從在【步驟2】寫出來的文字中，取出你認爲是自己下了設定的部分進行改寫。要是不改寫設定，很可能會重複經歷同樣的現實，因此這是非常重要的工程。

這是在【步驟2】吐槽（提問）的事裡看見的設定。

【設定】「馬馬虎虎地隨便對待重要的地方不太好」

然後對這個設定進行吐槽（提問）：「**真的是這樣嗎？**」

這時我意識到「每個人對應對的標準不同，我或許把自己的標準強加在別人身上了」，接著更深的設定出現了。

那就是「對方是專家，我必須聽專家說的話」。因爲我自己也經營過裝修公司，對於接待客戶的方式變得非常敏感，所以我才會非常生氣。進行到這裡，我終於有辦法反省自己了。

由於設定不只一個，請選擇符合自己當下感受的文字。

我以此為基礎，用以下的方式做出了改寫。只要像接下來這樣，進行能引導出眞正願望的吐槽，就能順暢地做出改寫。

「如果什麼樣的設定都可以，我喜歡哪種設定？」

「哪種設定才眞的可以讓我變輕鬆？」

「假如任何設定都是被允許的，我想要改寫成哪種設定？」

我依據這些問題改寫的結果如下。

【改寫設定】**「即使對方是專家，我也可以說出自己的想法」**

寫出這句話後，我的心情終於平復了。

如果情緒有穩定下來，設定的改寫就結束了。接著我們前往【步驟4】眞正的願望。

步驟4 實踐篇 把眞正的願望分成心理面和行動面並寫下來

眞正的願望，是指自己眞正的心聲。假如是改寫設定後的自己，你要對自己吐槽（提問）「我眞正想成爲的狀態？」「我其實想要怎麼做？」

你要問自己「我眞正想成爲的狀態？」「我其實想要怎麼做？」，進行吐槽（提問），從自己眞正的心聲引導出想成爲的狀態，讓想要前進的方向變得明確。

我的設定選了「即使對方是專家，我也可以說出自己的想法」。

【真正的願望（心理面）】「我真正想成為的狀態？」

↓我想成為不要忍耐，能好好傳達想法的我。我不是想要吵架，所以我想成為能在冷靜地考慮對方意見的同時，說得出想說的話的我。

我在這一步，讓自己以後和他們互動要做的心理準備變得明確。

【真正的願望（行動面）】「我其實想要怎麼做？」

↓告訴他們我有考慮找其他公司蓋房子，和他們進行討論。

最終，我取消與這家公司的合作，土地的合約也作廢，我非常安心。我和對方談的時候也沒起什麼爭執，這件事能和平落幕真的是太好了。

到此是壞話筆記的〈實踐篇〉，接下來將進入詳細地說明各個步驟的〈解說篇〉。〈解說篇〉會補充在〈實踐篇〉說明得不夠完整的部分，請繼續閱讀。

「魔法的壞話筆記」四步驟 解說篇

爲了讓你實際執行壞話筆記四步驟，接下來會舉出每個步驟比較容易失誤的部分當例子，並做出解說。

步驟1 解說篇 寫下壞話，區別素材和假素材

我雖然在實踐篇已經寫過，但很可能會有人覺得「我本來就抗拒說壞話」「我分不太清楚素材和假素材」，所以我們要來進行降低壞話的難度並書寫的練習，讓不擅長的人也能寫得出來。

首先，請你**在筆記本的左上角，也就是寫日期的地方附近寫下「寫壞話也沒關係喔」，從「允許」自己寫壞話開始。**

接著我要請你寫下的是這個問題，**「我今天有沒有因為什麼事情感到不舒服？」**不太確定「不舒服」指的是什麼情況的人，可以參考以下內容。

- **看到對方的臉色和態度，覺得「他是不是和平常不一樣？」**。
- **和對方說話時，對方的說話方式讓你感覺怪怪的**。
- **自己或對方做的事情，讓你有種難以言喻卻覺得不對勁的感受」**。

總之，當你感到腦中出現「？」，或是身體感受變沉重的時候，都是可以拿來當作壞話筆記題材的好機會。

以下分享參加講座的學生實際寫下的憤怒到極點的壞話，以及從有點不太舒服開始寫下壞話的案例。

K的壞話

我跟主管說「我因為有事沒辦法加班，要回去了」，主管回我說：「你這麼悠哉地早早回去沒關係嗎？還有工作沒做完。我覺得你不該工作沒做完就早早回去，變成我要留下來加班把工作做完。」我憤怒地心想：「這傢伙到底在說什麼啊？倒不如說是你工作做得太慢，我一天到晚都在幫你吧？都是因為這樣，我的工作才會沒做完好嗎？就是為了要幫忙你，我才會在你們『因為很忙』所以做不來的時候被迫幫忙!!」我不懂他到底在說什麼鬼話。我在內心想著：「這傢伙到底是怎麼看事情的？你的眼睛是裝飾品嗎？你真是裝了一副沒用的眼睛欸。」

H的壞話

這是與幼稚園進行中的首頁更新有關的事。

園長突然問我：「咦，首頁的事處理得如何？都沒有進展耶。」放了一個月……「真是丟人」↓園長的自言自語。我覺得他是在說我。這是我要做的事嗎？我不是交接給副園長了嗎？可是我有明確說過已經交接了嗎？我沒有做該做的事嗎？幫不上忙的我。我想要幫得上忙。我忍不住覺得自己沒有用、不細心。一想到這裡，我突然感覺自己不被需要，好受傷。我為什麼這麼缺乏自我肯定感呢？

I的壞話

沒有錢！！！！我該怎麼辦才好？怎麼辦，可是我有好多想要花錢的地方，馬上又會煩惱。靠打工賺錢也很花時間。我到底該怎麼辦才好！！！雖然不知道我把錢都花到哪裡去，但馬上要沒有錢了。啊———完蛋了完蛋了完蛋了完蛋了完蛋了完蛋了———這個月只有兩萬圓，下個月的收入也只會有兩萬圓進帳，我怎麼辦？

M的壞話

老公今天很晚回家，我覺得很煩，從上禮拜到這禮拜，他幾乎都不在家。上禮拜的平日他回老家，六日去踢足球。他今天去參加酒聚，時間已經超過十二點了（0:34），然後他這個週末好像要和朋友去旅行。

他是怎樣？不把我當回事嗎？他為什麼都只顧自己？

A的壞話

S的IG漸漸變得有名了。我做了一週的PDCA循環（？），為了留下結果，必須持續發布像在分析的貼文。好懶得弄、好不甘心。不管是努力還是天性，我全都不如她。

你看完應該覺得「如果是這樣的內容，我好像寫得出來」吧？

我們很少有機會可以看到別人寫的壞話，我想裡面也有會讓你產生共鳴的內容。

只要從日常瑣碎的事件中，挑出內心有反應的瞬間寫下來就OK了。請放鬆心情，盡量試著把腦中浮現的話語直接寫下來。

寫完壞話後，接下來進入「區分素材和假素材」的程序。

我在〈實踐篇〉說明了何謂素材和假素材，但很多人會對「哪個是素材？」「這算是假素材嗎？」感到擔憂，所以我會詳細加以解說。

素材是指事實，假素材則指不確定是否為事實的事

實際上如果素材是事實，指的是什麼樣的狀況？到底什麼是假素材？接下來會針對這兩點進行說明。

要是沒辦法完成【步驟1】，後續很有可能會在【步驟2】迷失方向，所以請穩紮穩打地完成【步驟1】。

此外，就算只學會【步驟1】，也會對你未來的人生有幫助。因爲你將看見自己的思考模式。過去會立刻對事物做出負面的推測、心情變得不好的人，會改變感受事物的方式，變成正面地去做出推測。這樣一來心靈將變得非常輕盈，幸福感也會增加喔。

我會舉出素材和假素材的例子，請務必作爲參考。

素材

「丈夫在客廳一邊看著電視，一邊說『拿杯茶來給我』。」

「一早起來，你立刻泡了一杯咖啡喝。」
「孩子說『我出門了～』，今天也去了學校。」
「我被公司的主管指正，希望我把這份資料重做一次。」
「我和同事時隔半年在居酒屋喝酒。」
「我送戒指當女朋友的生日禮物，她跟我說謝謝。」
「這個月的薪水少了一萬圓。」
「銀行帳戶的存款餘額剩六萬圓。」
「我走在路上，目睹了交通事故。」
「稅金的繳費單裝在信封裡，寄到了家中的信箱。」
「他說想要跟我分手。」
「朋友說那件衣服很可愛、很適合我。」

像這些內容全都是素材。

素材（事實）是眼前實際看見或聽到的事件。任何人看了都會給出同樣的回答，沒有加入個人的解釋、猜測、妄想、感想的狀況即是素材（事實）。

順道一提，像「我是被虐狂」這種話就是假素材，供你參考。

假素材

假素材我會透過文章來說明，以下是常見的夫妻吵架案例，〈　〉內的是素材，畫線的是假素材。

案例

〈丈夫在客廳一邊看著電視，一邊說「拿杯茶來給我」。〉妻子聽完心想「老公是把我當作傭人嗎？」，對丈夫感到火大，〈她不吭一聲地倒好茶，用力把茶杯放到桌上〉。緊接著，〈丈夫一臉驚訝地說：「妳在生什麼氣？」〉〈妻子回答：「我沒有在生氣啊！」〉〈丈夫隨即大聲說：「妳就是在生氣！」〉於是兩人吵了起來。

這場爭吵的開端，源自於妻子因爲假素材，把自己想成了「傭人」。仔細看完素材，會發現丈夫從來沒有把妻子說成「妳是我家的傭人」。妻子擅自認定「我是丈夫的傭人」成了吵架的原因。另外，丈夫是否有大聲說話、兩人是否吵架，都很難界定是否爲事實，所以判定爲假素材。

案例

「你一早起來，立刻泡了一杯咖啡喝」，然後你覺得「早上起來的第一杯咖啡也太好喝了，真幸福♡」。

這邊我要問一個問題。

自己感覺到「好喝、幸福♡」的心情，是素材還是假素材呢？

答案是假素材。

或許會有人說：「咦？這是我自己感覺到的事情，應該是素材吧？」但要是把個人的解釋或感想歸類爲素材（事實），事實會被扭曲。

電視購物之所以會標上「※個人感想僅供參考」的警語，是因爲使用服務或商品時，每個人的感受方式和結果都不一樣，這也是爲了避免發生把個人感想當作事實，結果導致收到「根本不一樣！」客訴的情況。因此個人的解釋和感想會分類在假素材。

此外，我在下一小節也會做說明，人際關係不睦的原因，有一大半都源自於自己感覺到的事，以及把擅自形成的成見當成眞實或事實那樣去推測。謠言應該就是假素材的眞面目吧，社群媒體上引起紛爭的評論，也是因爲有很多人的假素材集合在一起，在舉辦假素材大會。

除了親眼看見的事物與台詞，其他都要當作假素材

我說過素材是事實，也就是「親眼所見」和「從人嘴裡說出的話、台詞」，所以除此之外都是假素材。請留意這點並參考以下的案例。

T小姐是一位演員，她寫下了嘗試在IG直播自己練習的情況後，感覺到的煩悶感。

案例

我今天想做練習的直播，於是〈在IG上直播了〉。只是背景不漂亮，而且還是個可能會被鎖定地點的背景，所以我覺得很煩悶。

我心想萬一被別人知道這裡是哪裡該怎麼辦，甚至在腦中模擬了打倒對方（男性）的情景。

如果要把這段筆記的內容做素材和假素材的分類……

素材：〈在IG上直播了〉

假素材：背景不漂亮，而且還是個可能會被鎖定地點的背景。

我心想萬一被別人知道這裡是哪裡該怎麼辦，甚至在腦中模擬了打倒對方（男性）的情景。

只有我覺得「要是她被鎖定比較可怕」嗎？

區分完素材和假素材後，素材只有「在ＩＧ上直播了」的部分，剩下幾乎全是假素材。

我們會因爲不確定是否爲眞的事情感到不安、討厭別人、傷害對方，還可能會擅自變成受害者。我們會覺得人生過得不順遂，是因爲腦袋被負面的假素材控制了。

你是不是覺得差不多該終止這樣的生活方式了呢？

步驟2 解說篇 吐槽情緒三次以上

你要吐槽的不是他人的情緒，而是自己的情緒

有的人會試圖用吐槽來改變對方，這也是沒辦法的事，畢竟漫材或短劇都會吐槽對方。對於喜歡喜劇的人來說，這是個非常令人遺憾的消息，但請你無論如何都不要去吐槽別人，務必記得吐槽對象是「自己的情緒」。

R小姐的丈夫每次都會犯同樣的錯，那就是只要他酒喝多了，就會想起前妻的事，而陷入悲傷的情緒。那是多麼悲慘的光景啊。

R小姐的壞話筆記

我希望老公能把酒戒了。

昨天他出去喝酒喝醉了，無法正常對話，讓人覺得很煩躁。

- 我爲什麼希望老公戒酒？

↓因為他會突然哭出來。被前妻劈腿的事讓他很痛苦，那已經是過去的事了，他還是很難受。他會說一些我不想聽的話。我不想聽，我不想受傷。

- 我希望老公做什麼？我要繼續聽他說嗎？我爲什麼要等他？

↓就算硬要他說，他應該也不會說真心話，沒辦法解決。

- 我爲什麼想解決這件事？

↓我不希望他沉溺在酒精中。我不想覺得很累，要重複聽他前妻的事讓我很累。

看完以上的筆記，應該不是只有我隱約察覺到內容是在繞圈子，就像名偵探柯南的事件一樣，變得難以找出眞相。原因在於R小姐設法想要改變丈夫，吐槽：「我希望老公做什麼？我要繼續聽他說嗎？」

可是這樣的吐槽沒辦法通往她眞正的願望，因爲不論她多努力在筆記中吐槽，也沒有辦法改變他人。

這是R小姐的逃避所造成的局面。如果她眞的希望對方改變，只能面對丈夫，吐槽：「聽那些事我會心情不好，有什麼事是我可以做的？」然而她卻沒有這麼做，而是一直含糊帶過。她害怕面對丈夫。

R小姐認爲清楚地說出來之後可能會被拋棄的不安與恐懼，是引發這次事件的犯人的眞實身分，意思是讓「我」痛苦的犯人不是「丈夫」，而是「我自己」。所以**在筆記中寫下「我為什麼會覺得不想受傷？」，吐槽自己的情緒才是正確答案**。

R小姐在這之後寫了六頁的壞話筆記，儘管她迷失了方向，仍然在最後成功地通往她眞正的願望，也就是「我不會被拋棄。丈夫因爲想悲傷而難過，那就隨他去吧」。她做得很好！

寫壞話筆記的目的，是希望盡快把壞心情轉換成好心情，所以我想請你盡量縮短找出犯人的時間。要是你累了、心情變得不好，可能會開始吐槽別人，這時停下來也是一個方法。

步驟3 解說篇 找出設定並改寫

設定是指「不知道為什麼，但就是這麼覺得的事」

「媽媽，我今天不想去學校，所以我要打電話給老師喔」，開始自己像打給朋友一樣打給班導師的，是當時小學四年級的三女兒。

「我是四年級的石川，請幫我跟班導師說，我今天不想去學校，所以要請假一天」，多麼強大的精神狀態啊，我絕對學不來。

我念小學的時候，通常即使身體有點不舒服，父母也會叫我去學校，如果撒謊請假，也只能待在家裡。倘若我因爲父親的工作去旅行，向學校請了假，去參加社團時都會被同學冷眼相待，或是在背後說我的壞話。向學校請假的難度，就像跳高的世界最高紀錄一樣高。

但我女兒居然輕易就能向學校請假，老師也沒多說什麼。

只能說這個時代的常識不一樣了，從向學校請假是不好的事，演變成尊重各個家庭的想法，不論是爲了孩子拒絕上學而煩惱的父母，還是孩子本人，心情應該都有變得比較輕鬆。

從三女兒的例子，我們可以了解到設定的組成來自時代背景、成長環境、學校教育、媒體、占卜和統計學、每個人信仰的宗教等。

早上起來晚上睡覺
去學校
一天吃三餐
每天洗澡
天下沒有白吃的午餐
家事是太太的工作
男性需要養家
我是這樣的人

就像這些「不知道爲什麼，但就是這麼覺得的事」，也就是你自身相信的想法。不知道爲什麼，也沒有明確的理由，這些我們從沒懷疑過「是誰決定的」，並且下意識地在平常做出的行爲，其實都來自被設定好的想法（成見、固有觀念）。所以請把「想法會成爲現實」的眞正意思，理解爲藏在想法深處的「設定（成見、固有觀念）」會形成現實。

我們創造現實的順序是從「設定」開始思考，接著產生情緒、下決定、做出行動，然後現實有所改變。

假如你對現在的現實感到不滿，是「設定」讓你有負面的想法，讓你心情不好，讓你以不滿的負面情緒爲基礎做出選擇，然後做出了行動。因此只是瞬間心情變好，沒辦法從根本消除不滿，不滿的心情會在心底深處隱約存續，讓你明明在做開心的事，卻覺得不開心。所以我們要做的第一件事情不是行動，而是「改寫設定（成見、固有觀念）」。

「世界是自己的設定創造出來的」T小姐的設定改寫

T小姐是一位武打演員，她想運用自己在時代劇戰爭場面的演技，讓海外的人知道日本美好的文化。

可是她一個人的推廣能力有限，於是考慮把自己的經紀事宜委外處理。

緊接著，「對方在管理時會不會無視她的意見？」的假素材出現，令她感到非常不安。她因爲過去的經驗，「會被逼著做不想做的事」的設定根深柢固。小時候她拜託父母，說她眞的不想再上空手道的課了，父母卻說「在妳拿到黑帶前都必須學下去」，她被逼著繼續學，這導致她在現實中重複發生即使不喜歡，也會持續做到結果出來爲止，過程中要是到了臨界點，就會厭倦一切並放棄的情況。

那麼，T小姐是怎麼改寫「我是會被逼著做不想做的事的人」這項設定呢？

【設定】「我是會被逼著做不想做的事的人」

吐槽這個設定「眞的是這樣嗎？」（提問），大部分的時候自己心中會出現「不對不對，沒有那回事」或「不是這樣」的回答。她參考133頁的吐槽（提問），問了自己：「如果什麼樣的設定都可以，我喜歡哪種設定？」腦中冒出了「不想做的事不做也沒關係，告訴對方不想就好」的想法。

她以此爲基礎，做出了接下來的改寫。

←

【改寫設定】「我是可以做想做的事的人」

此外，設定通常有好幾個層次且有無數個，所以在一次的筆記裡也會出現好多個。T小姐還找到了其他像這樣的設定。她對幫忙處理經紀事宜的人有著「對方會在管理時無視她意見」的假素材，她過去與父母的關係讓她有以下的設定。

【設定】「我必須聽從身分地位比自己高的人說的話」

她也對這個設定吐槽（提問）「眞的是這樣嗎？」，重新有了「沒有這回事吧」的想法，她接著吐槽（提問）：「假如任何設定都是被允許的，我想要改寫成哪種設定？」

←

【改寫設定】「即使對方是身分地位比自己高的人，我不想聽話的時候也可以

不要聽」

她改成了這樣的設定。

最終，聽說她打算積極地去找人幫她處理經紀事宜。

改寫設定就如同鍛鍊，會因爲反覆練習進而引發變化，不再在意過去曾經很在意的事。

那麼，我接下來要分享幾個簡單的改寫案例，嘗試改寫155頁的設定。

早上起來晚上睡覺→不論是早上睡覺，還是晚上起來都可以

去學校→想去的時候再去學校

天下沒有白吃的午餐→沒工作也可以有午餐吃

家事是太太的工作→家事是大家的工作

男性需要養家→家庭要靠大家一起支撐

請你試著像這樣，把例子改寫成自己喜歡的話。

訣竅在於改寫成會讓你心情「稍微」變好的話語

曾有人跟我反應過「雖然知道了設定，但總覺得改寫很難」「光是那樣改寫，就會輕易產生變化嗎？」，那時我回答：「請察覺到那本身就是一個設定。」

「改寫設定很難」

「不可能光是改寫設定就輕易地產生變化」

這個設定背後深處，應該是自己做出了「人生很困難，不會輕易有所改變」的設定。所以請像以下這樣做出改寫：

改寫設定很難↓改寫設定很簡單

不可能光改寫設定就輕易產生變化↓光是改寫設定就能輕易產生變化

人生很困難，不會輕易有所改變↓人生是可以輕易地被改變的感覺怎麼樣？光是這樣心情就稍微變好一點了吧？

所謂的改寫設定，即是擁有讓自己的心情變得稍微好一點的想法，盡量把設定換成讓自己感覺變好的話語，只要好一點點就可以了。

我雖然說過改寫設定是改寫成見和固有觀念，但把它想成消除判斷基準或分界點、調降或消除界線，應該會更好理解。

你依照某人制定的判斷基準或界線思考並試圖採取行動，而不是自己制定的，所以才會心裡難受，覺得人生很困難。不管別人對你說了什麼，請你打造以自己爲基準的規則，這就是在改寫設定。

另外，若是改寫成了和此刻的自己相差甚遠的設定，就算改寫了設定，你也會莫名覺得難以認同。

以T小姐的例子爲例……

假如她把「我是會被逼著做不想做的事的人」這項設定，改寫成「我是只做想做的事的人」，或許內心會浮現「咦？我眞的做得到嗎？」的疑問，難以突然改成那樣的思考方式。

這部分以當事人的感覺爲準，所以我沒有要一概而論的意思，但在我的個人經驗上，倘若用太過極端的話語去改變設定，會讓人瞬間萌生「不不不，我不可能做得到」的心情。

如此一來，「不不不，我不可能做得到」將會成爲設定，現實則會變成在體驗感受到「我不可能做得到」的現實。

所以建議愉快地設定自己做得到的話語，如果覺得有點勉強，請尋找其他更適合的話語，改寫成符合自己喜好的設定。

「總覺得鬆了一口氣。」

「感覺我現在什麼都做得到。」

「雖然不知道爲什麼，但我感到很興奮，對未來產生了希望。」

請用身體記住這種「好像有某種力量湧現」的感覺，只要能夠多少記住這種感受，就表示設定改寫得非常成功。此外，設定會逐漸升級，因此要是有新的適合且喜歡的話語出現，請自由地把設定改寫成那句話語。

步驟4 解說篇 把眞正的願望分成心理面和行動面並寫下來

眞正的願望會根據設定改變

A小姐從小就隸屬於音樂劇劇團，努力學習歌唱和舞蹈，儘管她具備了技術，卻因爲容貌或體型而當不成主角，逐漸失去了自信。對於外貌的情結讓她的自我否定也很強烈，把自己設定成了「沒有存在感」的人，但在我看來，她是個非常可愛的女孩子。

Ａ小姐靠壞話筆記慢慢地變得能夠接納自己，回想起了自己以前想要做的事，那就是把成爲偶像、歌手、舞者、念醫學院當作目標。後來她把「沒有存在感」的設定改寫成了「每個人都很欽佩我，我是主角」，而Ａ小姐眞正的願望也跟著浮現出來。

我真正想成為的狀態？

↓我的價值不會因爲別人的反應改變！我要拿回存在感！

我其實想要怎麼做？

↓我想要教授發聲技巧。

實際上，Ａ小姐在我們的現場演唱的忘年會（譯註：類似台灣的尾牙）展現了非常優美的歌聲和鋼琴表演，大家都讚不絕口。接著她說出「我開始教發音技巧了，請追蹤我的ＩＧ」，實際付諸行動。

那時Ａ小姐的樣子，確實如同設定創造出「每個人都很欽佩我，我是主角」

的現實。我知道她一路走來有多辛苦，所以我眞的高興得哭了出來。

我想她能這麼有行動力，也是因爲她按照壞話筆記的步驟認眞地在操作，如果她沒有察覺到自己的設定，維持在覺得自己「沒有存在感」的狀態下去做想做的事，那個設定肯定會在腦中大聲說出「妳這個醜女不可能辦得到」。

可是她改變了設定，意識到那個聲音不是眞的。

她成功地向自己提問：「哪邊才是眞的？眞正的我不是那樣吧？」

因爲她從這一步開始，才能透過執行最後的步驟，看見潛伏在心底深處的眞正願望。

「我真正想成為的狀態？」是在描寫理想的自己

這裡提到的想成爲的狀態，是指「自己視爲理想的心理狀態」。

這時請不要加入任何在乎世俗眼光的社會常識所做出的判斷，基準只可以是在【步驟3】改寫的設定。

假如吐槽（提問）「我眞正想成爲的狀態？」後，仍然回答不太出來的人，請試著進行下列的吐槽（提問）。

「我眞正想成爲怎樣的自己？」
「我眞正想成爲怎樣的人？」
「我眞正想要採取什麼樣的態度？」
「我眞正想要活成什麼樣的姿態？」
「我眞正喜歡的是怎樣的自己？」

請你盡情寫出自己想要成爲的理想樣貌。請把羞恥感和反正一定做不到的想法放一邊，不要逃避而要面對自己，問出：「我眞正的想法是？」爲了讓自己成爲自己最喜歡的人，請練習想像會讓你覺得「倘若有這樣的人，我一定心動♡」的自己。

你是否曾在眞心地溫柔待人、幫上別人的忙、打從心底珍惜自己、遵守某個約定、達成某項目標時，經歷內心深處彷彿有道暖流流過，想要哭出來的時刻？

那就是愛上自己的瞬間，是眞正的自己處在喜悅狀態的徵兆，這是在告訴我們：「沒錯沒錯！我想要成爲那樣的自己！」

我過去一直很討厭自己，我想要成爲溫柔又很有愛的人，卻完全沒辦法變成那樣，反倒是採取了徹底相反的態度，度過了充滿悔恨的人生，尤其是對珍貴的家人和伙伴，我總是惡言相向。

「爲什麼每次都變成這樣？我眞正想說的明明不是那樣的話！」我深深地後悔，老是在責備自己。我變得厭惡自己，甚至有過「我根本沒有活著的價值！好想去死！」的想法。

就連那樣的我，如今也能像這樣肯定自己，覺得「我最喜歡自己了♡，這麼好的女人不可多得♡」，可以說是因爲我持續在決定自己的理想狀態，以及打造自己視爲理想的心理狀態。

來找我的人幾乎都是女性，很多人也在爲沒自信而煩惱。我接下來要分享那些來參加講座的學生所寫的「理想狀態」。

- 認同自己的剛烈和貫徹到底的特質，不做好壞的評斷。
- 盡可能安穩地生活，盡量活在溫柔的世界裡。
- 我賭上人生創造的我的理想狀態、伴侶關係、我的人生，不論任何人對我做什麼或說什麼，我都絕對不會讓它們被破壞。
- 慢慢接受自己個子嬌小。
- 不讓別人掌握自己人生的主導權。
- 不接受不會讓我幸福的好意。
- 站到人前、做自己、我是一流的。
- 自己思考並採取行動。
- 厚臉皮、人不好也沒關係，有時承認自己做錯了，能夠坦率地道歉。

・我想和所有生物和睦地生活。

・不被他人的評價擺布，做自己想做的事。

看完覺得如何呢？不論是多小的事情，以上每一個項目都是大家在決定「我想成爲怎樣的狀態」，並藉此讓人生產生戲劇化的轉變。還有人跟我說「我只是用筆記改變了理想狀態，卻萌生堅定不移的感受」。

理想狀態類似自己心中的個人原則，即使我們重複了某種現實中的模式數億次，在確實擁有適合自己的個人原則後，即可創造出認爲「不論未來發生什麼事都不會有問題！」的無敵的「我」。

「我其實想要怎麼做？」要用小寶寶爬行的程度來寫

乾脆地決定好理想狀態後，接下來是改變現實所用的行動。

地球是需要有實際行動的星球，只是寫在筆記本上不會有任何改變。如果你整理好自己的內在，就讓我們去外面的現實世界行動吧。

不用擔心，我不是要請你做出什麼破天荒的行動。若是打算做出太亂來的行動，我們會突然產生恐懼或擔憂的感受。好不容易決定了理想狀態要脫胎換骨，在這時勉強自己會讓前面做的都白費。因此訣竅在於縮小行動的第一步，小寶寶爬行的程度就ＯＫ了。

請參考參加講座的學生想著要稍微在現實引發變化，所得出的「我其實想要怎麼做？」的行動。

- 更加重視自己想到的、感覺到的事情。
- 在自己的心中定下「這樣就成功了」「我完成這個了」「我已經做到這裡了」的目標，不管旁人說什麼，只要達到這個目標，就要認同自己。
- 重啓 YouTube 頻道，和 ChatGPT 討論內容，創作作品。
- 聽美胸老師的課程並選擇內衣。

- 把結婚時隱瞞曾在風化場所工作的事告訴老公
- 不諂媚任何人，雖然想對人溫柔，但該說的話還是要說。
- 和老公討論錢的事。

這些都是多麼強大的決心啊。除了寫下來之外，累積小寶寶爬行般的每一小步，你就能快狠準地改變現實。真是太棒了！

Part 5

持續寫壞話，你會瞬間移動到理想的人生

那些沒有放棄自己、重獲新生的人們

痛苦的回憶，也會成爲改變現在的「材料」

「是妳逼我打妳的！」當時的丈夫臉紅脖子粗地踹開辦公室的沙發，同時說出了這句話，那是發生在我們一起經營裝修公司時的事。

我有生以來第一次被人這麼說，受到的衝擊宛如有人拿槌子敲我的腦袋。我聽到的瞬間，心中閃過「這傢伙竟然把錯推給別人！絕對是動手打女人的人不好吧，但他的腳不痛嗎？」的想法，我忽然驚覺「我每次交往的男性好像都會變得暴力」。

我第二次離婚也是因爲同樣的理由，是我外遇然後離婚的模式。除此之外，在金錢方面，我身上經常背有債務。不過多虧了壞話筆記，我現在很清楚自己爲何會重複這些模式。

比方關於和我交往或結婚的人，接連變得會對我動手的部分。

我三歲時，是祖母代替忙於工作和帶妹妹的媽媽照顧我。

回顧當時的記憶，祖母只要一生氣，就會把我綁在家裡的柱子上，然後用細竹棒打我，或者是要我跪坐在拉門的軌道上，再滴蠟油到幼小的我的大腿上。現在回想起來，那些光景根本可怕到讓人覺得「怎麼有人會對那麼小的孩子做那種事」，然而我直到三十七歲爲止都認爲「那又沒什麼，祖母非常疼愛作爲第一個孫子的我」，反倒還把那些事當笑話講。

可是有一次，朋友對我說出了令我震撼的一句話——「那是虐待。」

我聽到那句話後感到頭暈目眩，有如遭到反擊的拳擊手。沒想到，我竟然是受到了虐待。這個察覺成了契機，我一邊回想當時發生的事，一邊寫下壞話筆記，我不舒服到想要作嘔。

「好痛！快住手！好可怕！妳爲什麼要這麼做？我最討厭祖母了！我又沒有錯！」

我從這裡開始苦悶地反覆進行吐槽，問自己「我爲什麼會有那樣的感覺？」所得到的結果，察覺到了「人是因爲愛，才會生氣和打人」這項驚人的設定。

「臭老太婆，看看妳做的好事！妳讓我一路長成了被虐狂！」我開始恨祖母了。他媽的祖母，這種程度的抱怨，就讓我在公開場合說一下吧。

那原本是重要到有句話叫做「三歲定終身」的幼年時期，明明是應該盡情感受溫柔話語，或是溫暖肢體接觸的時期，我收到的卻是竹鞭和蠟燭，所以會把疼痛誤會爲愛也是沒辦法的事。因此我好像可以理解自己爲何會下意識地尋求疼痛，故意反覆做出惹怒伴侶讓自己挨打的事了。我一副像在說「請用鞭子打我」的模樣，這眞的讓我很想消滅自己被虐狂的那一面。

不過，接下來就是我展現實力的時候了。反正都是被虐狂了，我下定決心要把被虐狂的力量，用在會讓我變幸福的地方，我提出「不再讓男性對我動手」的口號，開始進行在對方火冒三丈時盡可能地拉開距離、話說出口之前先想過、把氣發洩在壞話筆記上的訓練。以我來說，我花了兩年的時間，但我成功地慢慢轉換成了穩重的個性。

我的被虐狂故事當然沒那麼簡單，但相信你已經明白，壞話筆記不只可以從

「現在」，還可以從「過去」討厭的回憶中，找出讓未來人生變好的提示。

想要一起脫離被虐狂人生的人，更正，是「想要知道自己重複發生的模式！想要覺察！想要改變現況！」的人，請務必好好運用壞話筆記。

寫壞話最大的效果，在於發現醜陋之處與才華

我討厭說漂亮話，也討厭美談。

情節就像悲劇女主角灰姑娘那樣的可憐女子故事，令我感到厭煩。爲了避免誤會，我要先解釋一下，我討厭的漂亮話和美談，僅限於當事人沒有察覺到自己醜陋之處的情況。如果你還沒有察覺到，或者是還未承認自己內心的醜陋之處，這是你成長的機會。

爲什麼承認有醜陋之處是很重要的一件事呢？

要是你不承認有醜陋之處，將無法釐清【步驟4】眞正的願望，也就是「我其實想這樣生活！我其實想活成這樣！我其實想這麼做！」的部分，你會有種難以接受的感覺（這是只有實際在寫壞話筆記的人才懂得感受，因此請不要只是讀完本書就算了）。

Y小姐爲了償還受騙所欠下的債務，曾在風化場所工作過，她一直隱瞞這件事。Y小姐沒辦法向父母求助，結婚時也沒有告訴丈夫，她本來想把這個祕密帶進墳墓，一路走來都過著當作沒有這段過去的生活。

Y小姐非常優秀，以創業家的身分大獲成功，但不知道爲什麼，她總是強烈地覺得自己在做的事情有哪裡不太對勁，於是她來參加我的講座。

隨著講座進行，在我向隔著Zoom的畫面，都看得出來臉上帶著難受表情的Y小姐提出疑問後，Y小姐說：「我其實有件事沒有告訴妳。」接著向我坦承了自己過去在風化場所工作的事。

而且她在那家店一直是第一名，還曾以超級搶手的性工作者之姿登上雜誌的卷首。她說自己當時以從事性工作爲傲，來的客人也全都是很棒的人，性工作對她而言是天職。

可是她沒辦法告訴家人，我分析這會是一個著眼點。

緊接著，她發現自己內心有著認爲「我可以藉由飾演符合對方期望的完美人偶，獲得人心或金錢」的醜陋之處。

Y小姐覺得自己是運氣不好才踏入這個世界，爲了償還債務也捨棄了夢想，她努力至今都是希望能幫助到別人，因此從沒意識到自己有這種醜陋之處。

Y小姐厲害的地方在於，她不僅很快地承認這個醜陋之處，她還把實話告訴丈夫並公開過去，決定要創立新的事業。在這之後，她運用能夠抓住「符合對方期望的完美」的能力，爲客戶提供細膩的支援。

在我們察覺到醜陋之處並承認後，自己內心的陰陽（美的部分與醜的部分）會被整合。這樣一來不論發生什麼事情、自己在什麼樣的狀態，都能具備不再擔憂的深刻安全感，也會變得有自信，打從心底相信已經沒有什麼好怕的了。

如此一來，我們就能把醜陋之處轉換成才華，當作武器來使用。

Y小姐總是在扮演著完美的自己，小的時候是在母親和學校老師的面前，長大之後則是在性工作服務的客人面前，以及創業後的客戶和員工面前這麼做。

那樣的她並不符合自己的期望，所以她才會覺得哪裡不太對勁。

不過往後Y小姐應該可以爲了自己想做的事情，把這項才華當作武器使用吧，我很期待Y小姐未來的表現。

我決定與世界上的壞話共同生活

「你喜歡的壞話是什麼？」

我想要知道這世界在使用的壞話，然後我的夢想是看到世界各地的人們拿著寫有日文壞話的團扇，來參加我的演講。我甚至希望能被壞話的口號聲所籠罩，你不覺得光是想到就很開心嗎？我已經在偷笑了。

你小時候是否曾經嘻嘻哈哈地說出「笨蛋～呆子～白癡～你媽媽是凸肚臍～♪」等話語？當你說出這些話時，帶有令人感到不愉快的惡意嗎？你應該只是把那些話說出口，玩得很開心而已。你單純想要說說看或用用看那些髒話、壞話。純眞的孩子心思通常不複雜，但教育上卻會禁止孩子說出口，告訴他們「不可以說那樣的話」。

然而孩子們只有被禁止，沒有人教他們有那種想法時的應對方法。這個狀況在全世界蔓延，成爲了惡劣的霸凌和中傷誹謗的原因。

我所經營的TikTok和YouTube頻道收到了惡意留言。留下惡意留言的人，全都不是用本名。因此對於那樣的人，我可以毫無顧慮地清楚表達自己的意見，我反而覺得感謝，我非常樂於分析那些留言和給予回覆，有的人也會仔細地回覆我。

我之所以會那麼在意惡意留言，是因爲對我來說，惡意留言是醜陋的寶庫，同時也是才華的寶庫。讀到這裡的你，一定懂我在說什麼。既然察覺到了這點，我難免會有種衝動，想要告訴對方：「你可以活得更輕鬆一點喔！」

分析完惡意留言後，可以看到那個人的很多狀態。這個人在壓抑自己的心情忍耐呢、他沒有注意到自己正在羨慕別人呢。這麼說雖然不太好，但很多人一副好像在說大道理的樣子，實際說出來的卻是不合邏輯的話，這是件很有趣的事。

那些惡意留言眞的對我的工作帶來了幫助，反正都是要寫惡意留言，我都想拜託他們不要去別人那裡，而是寫在我的留言區了。

附帶一提，我收到惡意留言並非完全不痛不癢，有時也會很受傷。可是我知道內心的反應有其價值，所以我會馬上讓那個感受變成反省自己的材料。

舉例來說，我有個習慣是常常會稱我女兒為「妳這傢伙」，其實在剛開始發布影片時，我完全沒有注意到這件事，除了我本來說話就不好聽外，之前也過著會隨意使用髒話的人生，因此我一直認為那很正常。

可是我收到很多人指責的留言，促成了我思考的契機。

一開始在受到指責時，我瞬間感到煩躁，心想「什麼小事都要計較的話，生活會過不下去」，或者是「我想說的重點又不是那個，就不能好好看影片嗎」，認為我完全沒有任何問題，為了正當化自己的行為，我還去查了「妳這傢伙」的意思，想要去說服對方。

我在用Google搜尋「妳這傢伙」這句話的意思時，察覺到：「我為什麼會那麼生氣？我要做的事和面對惡意留言時一樣啊！」

在那之後我透過壞話筆記，問自己：「我為什麼反應會那麼大？」成功地面對了自己。

我其實覺得自己年紀也不小了，想要稍微改善嘴巴壞的問題，還有好不容易發布的內容，卻沒有好好傳達，我不喜歡這樣，以及我有一個願望，是希望能讓別人確實了解我想傳達的內容。

要是沒有那麼多惡意留言，我也不會察覺到這份心情，壞話的偉大果然令我感動。

此外，尤其是那些留言給我的人，我從文章看得出來他們應該是非常認眞又努力、拚盡全力在過生活的人。

也正是因爲如此，若是有能讓他們好好釋放情緒的地方，相信那些人一定能活得更輕鬆！壞話筆記將成爲那樣的人的容身之處。

如果你遇見我，請務必對我說壞話。

有些正向思考很危險

大家一起在某個進修會場吃晚餐時，發生了一件事。

一個先生把裝有味噌湯的碗翻倒在大腿上。

緊接著，我聽見他說出了驚人之語。

「還好我換成了溫的味噌湯。」

我很驚訝，立刻問他：「褲子濕掉不會不舒服嗎？」他說「這點小事沒什麼」。

又有一次，我參加了那個先生主辦的活動。

活動結束後，我準備離開會場，我在玄關穿好鞋，走去傘架要拿帶來的傘。

可是原本放傘的地方卻沒有看到我的傘。

我說「我明明放在這裡，傘卻不見了，那把傘我才剛買的，有夠傻眼」，那個先生接著說「有人因爲妳的傘而不用淋雨眞是太好了，妳就當作是做了件好事」。

我一瞬間無法理解他在說什麼，腦袋當機了。或許確實有人因爲我的傘而不用淋雨，我可以理解從宏觀的角度來看，我是做了件好事，但在這之前，我有種自己感受到的「剛買的傘被偷，覺得傻眼」的情緒，沒有被尊重的感覺，很想要生氣。

說出那段話的是S先生，他創立了讓人類和地球變豐盛的學校——「EARTH SCHOOL」這項教育事業，並負責管理線上學院。他現在正和我共同舉辦名爲「天賦開花 Life Shift 實踐計畫」的講座。

我不清楚大家的身邊是否有像S先生這樣，總是正向思考的人，但我覺得每個人都有可能會在無意間說出這種話。

我告訴乍看之下正向積極且幸福的S先生「正向思考很危險」。我爲什麼會這麼說呢？

那是因爲我已經看過好幾次，平常笑咪咪又溫柔的S先生喝了酒後，會有奇怪的酒醉狀態。我從十六歲就開始陪酒，看過非常多平常認眞溫柔的男性酒後像是變了一個人（我第一任丈夫也是這樣，都不知道他爲此和我道歉過幾次了）。

無論什麼事情都以積極的角度去理解，是一件很棒的事。但如果是無視你其實覺得很討厭，或者想用其他方式執行的想法，把這些丟進內心的垃圾桶，再用名爲正向積極的蓋子蓋住垃圾桶的狀態呢？

要是覺得討厭，討厭也沒關係；要是感到悲傷，悲傷也沒關係。當你感覺到憤怒時，其實可以直接感受那股憤怒就好，倘若你因爲害怕感受憤怒，拚命地敷衍自己想要蓋住它……

一開始時，蓋子應該會蓋得很好吧。可是，垃圾桶將在不久之後裝滿。一般的垃圾我們大可拿去丟掉，但肉眼看不見心靈的垃圾，若是你沒有注意到垃圾桶已滿，硬要繼續蓋上蓋子，某天蓋子將會損壞，因爲情緒會爆發出來。你再次搞砸後，又往裡面扔進後悔的垃圾，最終不只是蓋子，連垃圾桶本身也會壞掉。

所有的情緒都平等地存在著，它們本該沒有好壞或優劣之分。既然是這樣，你不覺得只認為正向情緒是好的，是一件不自然到極點的事嗎？

哎呀！請不要誤會，我不是在說「請你不要正向思考」喔。

我要說的是順序很重要。如果負面情緒湧現，不要立刻用正向的蓋子把負面情緒壓下去，直接感受它即可。

原本不擅長感受負面情緒、不喜歡看到別人展現負面情緒的S先生跟我說，多虧了壞話筆記，他變得可以安心感受，也可以接受別人有負面情緒了。聽說他現在就算看到有人煩躁生氣，不會再硬要說出像在安撫別人的正向發言，他變得可以讓自己的情緒冷靜下來，把想說的話傳達給對方，活得非常輕鬆愉快。

好好說出壞話，有助於自我肯定

K先生身材高大且戴著眼鏡，他溫柔的說話風格令人印象深刻，特色是給人很像公務員的感覺。K先生爲人非常老實，很難相信他會說壞話。

可是即使是離壞話那麼遙遠的K先生，心中也會說出以下這樣的壞話（139頁介紹過的壞話案例之一）。

我跟主管說「我因為有事沒辦法加班，要回去了」，主管回我說：「你這麼悠哉地早早回去沒關係嗎？還有工作沒做完。我覺得你不該工作沒做完就早早回去，變成我要留下來加班把工作做完。」我憤怒地想：「這傢伙到底在說什麼啊？倒不如說是你工作做得太慢，我一天到晚都在幫你吧？都是因為這樣，我的工作才會沒做完好嗎？就是為了要幫忙你，我才會在你們『因為很忙』所以做不來的時候被迫幫忙!!」我不懂他到底在說什麼鬼話。我在內心想著「這傢伙到底是怎麼看事情的？你的眼睛是裝飾品嗎？你真是裝了一副沒用的眼睛欸。」

K先生的內心眞是相當黑暗啊，我都快要失去對人的信任了。同時我也萌生了親近感，心想：「K先生具備說壞話的才能吧？」

我認爲不管是誰，心中都經常有壞話或負面情緒存在。可是大多數時候，基於社會的規範或常識，都希望我們壓抑那些情緒，不少人在爲無法坦率地表達自己的情緒所苦。

K先生個性認眞，工作也十分用心，但他好幾次都因爲承擔太多工作，導致身體出問題並停職。

當事人雖然知道原因，卻無法拒絕被交代的工作，爲了彌補他人的錯誤，

K先生延後了自己的工作，如果告訴他趕不上交期，他就會留下來加班完成工作。這樣的K先生，當然會獲得旁人的信任，並且把工作交付給他，但他的心中其實充斥著不滿。

我們在講座中了解到K先生的父親對小孩管教甚嚴，會大聲斥責K先生。由於害怕被罵，K先生總是在觀察父親的臉色，避免惹他生氣。他學生時期在社團的宿舍也因爲害怕被學長姊欺負，不說出自己的想法，過著以不得罪對方爲原則的生活。

這樣的K先生，一開始時在筆記本上寫不太出壞話，可是再不做些什麼，又會重複過上同樣的生活，於是K先生下定決心，寫下了第一句壞話。在那之後，K先生也有繼續寫壞話。

好累、好累、好累、好火大、好可悲。

痛苦的都是我，我不想工作了，心臟好痛、肩膀好痛、頭好痛、眼睛好痛、手好痛、手指好痛、手腕好痛。

我為什麼每次一定要陪大家商量？我希望大家不要和我說話，所有人都不要來拜託我。我好累、好累、好累、好累，我想把時間用在自己身上。我想做自己喜歡的事、想要去釣魚、想要去露營、想要和家人相處。

我想要向某人撒嬌、說些任性的話、想要被抱緊，我也想要受到幫助。

很快地，K先生產生了變化。

主管在職場上要求他幫別人善後時，他過去就算其實不想，也會笑著答應，但他這次居然說出「我雖然討厭這樣，但好吧」！直接把真心話告訴了主管。緊接著，主管表示有所共鳴，回答「就是說啊，很討厭呢」。

聽說K先生光是對方表示有所共鳴，就感到很高興，因此獲得了幹勁。此外，他也理解到不論是拒絕還是答應，自己都擁有「想怎麼做都可以」的選擇自由。

「壞話筆記」是一項用來把自己也不理解的事情，以半強制的方式輸出的工具。**這個方法不僅能整理好內心，也能夠讓自己沒有察覺到的厭惡感，或者是沒有意識到的真正願望顯現出來。**

書寫「壞話」會讓人有種和另一個自己共享不能說的祕密的感覺，儘管一定不會有人理解自己這麼陰險又汙濁的情緒，但可以允許自己在心中擁有那些情緒。

我可以擁有那樣的情緒……當你准許自己這麼做，心情會變得輕鬆到讓你嚇一跳。

好好理解自己的情緒並接受它，可以加強自我肯定感。

說壞話或有負面情緒本身不是壞事，透過接納那些是自己的一部分，你將會愛上自己。

如果你想讓人生有戲劇性的改變，只能「堅持到底」

二十幾歲的A小姐開心地跟我說，她不小心把放有奶油麵包的圍裙丟進洗衣機洗，丈夫卻沒有罵她，還把洗衣機清乾淨了♡。

我立刻確定這是大腦在耍花招。

A小姐的煩惱是她與職場的主管，以及與新婚的丈夫之間的關係。

在A小姐積極地執行壞話筆記，並像一部推土機般勢如破竹地對職場的主管和丈夫採取行動，告訴他們自己的想法，然後離開了討厭的職場，在麵包店一邊打工一邊摸索未來想做的事時，發生了這起奶油麵包事件。

A小姐本來和丈夫爭吵不休，結婚一年左右的時間也很少有性生活。A小姐試著提了好幾次小孩的話題，丈夫卻表示無法想像，拒絕了她。

A小姐認眞地思考是否要離婚，同時嚴肅地面對「自己想要的幸福是什麼？」後，她察覺到自己試圖控制丈夫讓他聽話，以及自己會用金錢、物品、行動來測試愛情。

由於她感受愛的方式有附帶條件，也就是「因爲對方願意爲我做某些事，所以我是被愛的」，只要對方不按照自己所想的行動，她就會以杜賓犬般的氣勢咬住丈夫，索求她想要的愛。

所以丈夫也同樣激烈地責備A小姐，不願意接受她的意見，意識到這點的A小姐改過自新，爲過去的事向丈夫道歉。

一般來說，事情到這裡就結束了，但A小姐厲害的地方在於她這次換成爲了把握住自己的理想人生，認爲「我改了不好的地方，因此我希望你也可以改，希望你可以認眞地考慮兩人的未來」，變成杜賓狗不停地追咬。

順道一提，她不是眞的咬人喔，而是說她堅持到底，即使吵了好幾次架，仍然會找丈夫討論。

正在想「奶油麵包出現在哪？」的你，我接下來要提到了。

某次A小姐在和丈夫談關於小孩的事情時，兩人談得不愉快，丈夫生氣了。在這之後發生的就是奶油麵包事件。

「看著沒有露出嫌惡表情，清理洗衣機中攪爛的奶油麵包殘骸的丈夫，我突然覺得『他也太體貼了吧』，開始反省自己也說得太過火了。」

A小姐說的確實沒錯，但聽完這整段的我說了以下這句話：

「如果他眞的有在爲妳著想、是愛妳的，應該會好好考慮小孩的事。不要被奶油麵包騙了！」

A小姐隨即回過神來，表示「好險！我差點被騙了！」，察覺到自己沒有看見丈夫的本質。

當然，這的確是非常幸福的事件，也是A小姐想像中的體貼行爲。A小姐可以全心接受丈夫的體貼，然而A小姐追求的眞正幸福，是「丈夫是個和我在一起，讓我打從心底變幸福的人」。我知道這是她的理想，所以才會馬上吐槽。

人會因爲眼前的體貼而失去冷靜的判斷能力，立刻看不見眞正想要的事物。

A小姐差一點就做出和以前一樣的事了。

想要更認眞地討論小孩還有未來的事，眞心討厭丈夫不願意冷靜討論的A小姐告訴丈夫：「我想要的是可以不責備並接受我眞正的願望，和我一起實現它的人，而不是清理奶油麵包的人，或者是用假裝的體貼敷衍過去的人。」

最終，A小姐的丈夫在轉眼間變得溫柔，缺乏性生活的問題也獲得解決，兩人在南方島嶼舉辦了原本放棄的結婚典禮。我聽到這件事時，因爲A小姐和我的女兒年紀差不多，所以我擅自懷抱著母親般的心情，感到非常開心。

聽完A小姐的經驗，很多人應該會有所共鳴。

如果你想要讓人生有戲劇性的改變，唯一的方法就是要像A小姐一樣堅持到底，一再地咬住對方也咬住自己，即使快要倒下，也仍然要站穩腳步，看準時機做出反擊。

從用錢的方式，可以看出生活的方式

我欠下了數千萬的債務，請律師幫我聲請個人破產。

理由是當時給我工作的公司遭到搜查，同時又遇上了投資失敗。

不過這頂多是表面上肉眼可見的現實，在學過潛意識的我看來，這是「我的失誤」。一般會覺得這是個遭遇不幸的可悲狀況，但這其實只是潛藏在底下的我與金錢的關係，展現在現實上而已。

我在這件事發生之前，乍看之下很珍惜錢，實際用錢的方式卻非常隨便。我覺得「總會有辦法賺到錢的！」，所以錢都留不住。這個想法源自於我對金錢傲慢的態度，認爲「錢要是花掉了，再賺就好」。

會這樣是因爲我從還懵懵懂懂的十幾歲起，就已經在賺錢了。我國中時送報紙，十六歲開始陪酒，二十九歲後進入裝修公司，一直都有在賺錢。我沒有學會和金錢的相處方式，單純重複盲目地賺錢、隨意花錢的結果，以事件的形式誇大地展現了出來。這個情況就和耍賴說任性話的小孩沒有兩樣，實在太丟臉了……

我之所以會怎麼賺錢都不滿足，是受到小時候被迫不能做想做的事，以及被父母拿走錢的經驗影響。源自於我「想要隨心所欲用錢，盡情去做想做的事！」的願望。

我寫下自己這段羞恥又丟人的經驗，是想要告訴大家即使沒有這樣的經驗，也有很多自我覺察的機會。只要好好學會與金錢相處的方式，與賺取的金額無關，你將可以過上幸福的人生。

如果有人和我有同樣的煩惱，希望你在計算收支的同時，也要用壞話筆記審視自己爲什麼會那麼做。

在我把「錢用完之後再賺就好」的設定，改成「不用錢和賺錢是一樣的」設定後，省錢不再是件苦差事。

我變得會在仔細思考過後，再購買想要的東西或想吃食物，想要珍惜周遭物品的心情也變強烈了。我開始每天寫家庭帳簿計算收支，還立下了資金計畫（雖然我好像聽見有人在說「那是理所當然的事吧」）。這些讓我獲得了極爲感謝金錢的心情，以及絕對的安心感。

除此之外，我還感受到女兒們和前夫、工作夥伴巨大的愛與溫柔，包含對日本這個國家的制度，也再次湧現了感謝的心情。

金錢會如實地展現你自身的生活方式，從用錢的方式，就能看得出那個人的人格。我很推薦從金錢下手去回顧並面對自己的人生。

世界可以自己創造——「使命必達的幕後推手」居然是我!?

說出「我已經爲了與丈夫的關係煩惱快五十年了」這句話的，是每個月都精神奕奕地從沖繩飛來、七十多歲的N女士。

N女士結婚後與丈夫的意見逐漸相左，吵架次數增加，她自己、甚至是他們的孩子，都希望她改善與情緒激動的丈夫之間的關係。她說他們嘗試過分居，或者是去東京接受諮詢，試過各式各樣的方法，但效果都不如預期。

老實說，我一開始時很擔心，心想：「年紀和我父母差不多的N女士，聽得進去我說的話嗎？」但N女士坦率得令我驚訝，她興致勃勃地聽完我這樣的年輕人說的話，並產生了變化。我想N女士是眞的很想要改善她與丈夫的關係。

在講座中，寫筆記和實踐會同時進行。

對於只有寫壞話筆記，沒有實踐的人，我會窮追不捨地詢問：「你實踐了嗎？什麼時候要去做？」

N女士的課題是不擅長聽人把話說到最後。此外，她從事照護相關的工作，退休後仍然有臨時工作的經濟能力，所以她在金錢方面不需要依靠丈夫，就算因爲小孩的事傷腦筋，她也能夠自己想辦法解決。

N女士一開始有意執行的事情，是聽丈夫把話說到最後，她說以前丈夫都會爲這件事氣到咬牙切齒地說：「妳每次都不聽我說話！」執行起來非常不容易。

但她漸漸地能夠理解丈夫的期望和想說的事。

在這個過程中，曾經發生過颱風直撲沖繩，導致飛往東京的航班可能會停飛的情況。N女士平常都是一個人去機場，然而聽說這天她丈夫難得地提出：「要我送妳去機場嗎？」這對一般夫妻來說或許是稀鬆平常的事，但他們過去曾因爲接送的事吵架，丈夫從來沒有開車接送過她。N女士大吃一驚，覺得難以置信。

因爲這起事件，N女士說：「我發現自己以前對丈夫做出的反應，以及說的話都很冷淡。」

N女士的丈夫的興趣是看電影，她卻總是拒絕丈夫的邀請。N女士打算改變自己的行爲，於是她帶著孫子，久違地挑戰和丈夫去看電影。以前她都會頑固地拒絕，表示：「我絕對不想跟他一起去看電影！」但實際去了之後，她發現其實很有趣。

另外，N女士也明白了自己不想一起去看電影的理由，理由是因爲她不想被丈夫看到哭泣的樣子。她總覺得要是在丈夫面前展露軟弱的一面，她就輸了。兩人明明是夫妻，卻一直在進行勝負之爭。

N女士過去相信夫妻不睦的原因都在丈夫身上，認爲「我沒有錯，錯的是那傢伙！」然而在她察覺到「奇怪？難道錯的是我??」這個驚人的事實時，她用可愛的動作露出懊惱苦悶的表情。我現在回想起她那時的樣子，還是會笑出來。

察覺到驚人的事實後，N女士把錢和寫有至今爲止對丈夫的反省及感謝的信，一起拿給了丈夫。丈夫露出極爲喜悅的表情，緊緊地抱住了N女士。在那之後，N女士與丈夫的關係迅速地改善，據說他們下次要第一次兩人單獨去參加豪華郵輪之旅。

我收到了以下這段令人非常開心的話，「過去我接受過各種諮詢，也和周遭的人討論過，但每次都是得到『是你丈夫不好』『人是不會改變的，還是離婚比較好』的意見。沒想到，原因是出在我自己的身上，有來參加講座眞是太好了，眞希望我能早點知道這件事。」

壞話筆記讓你看見自己的潛意識

壞話筆記不是只有在寫「別人的壞話」，而是讓你用筆記本和筆，把心裡介意的小事、突然想到的事等在意的疑問化爲文字，進而看見自己潛意識的筆記術。

「啊～今天好不想工作。」

「考試沒考過的話該怎麼辦……」

「腦袋裡思緒亂成一團。」

「好擔心這個月生活費不夠用……」

「他最近都沒消息，不會有事吧……？」

「他會不會有其他女人了？」

「雖然不知道爲什麼，但心情很煩躁。」

像這種時候，請你也用輕鬆的心情，把想到的事情寫進壞話筆記。

在當偶像的二女兒和念高中的三女兒，參加了我的講座。講座中有小組分享壞話筆記的功課，可是二女兒一直沒有交出功課要寫的筆記。我問她理由，她竟然說「寫筆記很可怕」，我立刻告訴她「妳可以直接把那個感覺寫下來喔」。

緊接著，她發現有許多隱藏的設定，是造成恐懼的原因。

在三姊妹中間誕生的二女兒，在出生八個月時，經歷了我的第一次離婚，因此她成長的過程並不知道親生父親的長相。她因爲我第二次結婚而有父親時，大約是在她青春期的時候，所以會覺得與父親有微妙的距離感。

父親是個老是在生氣、很可怕的人，母親則是情緒大起大落，不知道什麼時候會發飆的人。妹妹總是備受疼愛，自己每次都被告知「等一下喔」。她唯一留下的印象是「沒人願意聽她說話」。

據說當時二女兒對於我們，抱持著「反正說了也沒人願意聽，與其被罵，不如什麼都不要說」的想法。

或許是爲了埋藏這份寂寞的感受，二女兒重複著被告白就交往，自己喜歡上對方後，又被對方甩掉的模式。她害怕被討厭，忍住不說出自己的感受，就連分手的時候，如果對方希望分手，她也會順著對方的意思接受。她甚至漸漸地變得不明白，喜歡上一個人是什麼樣的感覺。

後來她開始在女僕咖啡廳工作和當偶像，但即使是小事情，她也無法把自己的想法告訴客人或團員，好不容易抓住了夢想，她卻覺得悶悶不樂且心浮氣躁，有好長一段時間每天都會突然哭出來，她因此說出想要參加我的講座。

我想她一路走來，都是過著一個人壓抑自己各種情緒的生活，所以才會連在筆記上寫出情緒這件事，都讓她害怕到無法承受。

以下是二女兒眞正的筆記。

・我為什麼完全沒辦法寫筆記？
↓因為不想要心煩意亂。
・我為什麼不想？
↓我怕事情不再進行得那麼順利。
・我為什麼害怕？
↓可能是不想讓大家失望。
・我為什麼不想讓大家失望？
↓大家可能會離我而去，大家說不定會失去對我的信任。

二女兒察覺到自己有「要是我心煩意亂，一切會進行得不順利，人們會離開我」的設定。

另外還有自己從小時候就對金錢很執著，有強烈得失心的一面。她非常不想要吃虧，自己會擅自使用別人的東西，卻不想出借自己的東西！她和三女兒常常因此爆發爭吵。而且自己這些討人厭的部分，她其實並不想了解，所以她很努力扮演完美的自己。她發覺如果是爲了隱藏某些事物而努力，會越做越痛苦。

自此之後，二女兒意識到要向周遭的人坦率地展現自己的「本質」，她欣喜地和我分享，不僅討厭的人自然而然地消失、女僕咖啡裡支持她的客人變多，她也變得開始能夠開心地當偶像。

雖然是從「害怕寫筆記」的感受切入，但從壞話以外的起始點開始書寫後，你將會遇見自己的各種面貌。

自由地展現情緒、自由地活下去

大家在吃晚餐的壽喜燒時，二女兒和三女兒突然向長女下跪磕頭。

二女兒、三女兒：「姊姊，拜託！請妳和我們一起參加三月的偶像誕生祭！」

長女：「不可能！絕對不可能！不可能不可能不可能！」

二女兒、三女兒：「拜託妳！求求妳參加！」

長女：「我就說絕對不可能了！我都說不想了，妳們還一直問！我不可能會參加的。」

三女兒：「爲什麼不可能？告訴我理由。」

長女：「沒有理由！不可能的事就是不可能！」

可以在客廳看見有人認眞下跪磕頭的石川家，我想應該有人在想「這到底是什麼樣的家庭？」，所以我接下來會說明一下狀況……

石川三姊妹的背景

石川家的三姊妹在我和前夫的無故遷怒，以及有如軍隊般的嚴格教育下長大，因此她們甚至沒有過叛逆期，從我們的角度來看，等於養出了非常乖巧且百依百順的孩子（她們就算不喜歡也會乖乖聽話）。

長女本來想成爲偶像或動畫的聲優，但她高中時被我和前夫要求「妳去學餐飲」，因此進入了廚師的專門學校就讀，並照著我們說的去餐廳工作。長女中途雖然發現自己不適合當廚師，卻沒有告訴我們，而是繼續做下去。最終，長女的身體出了問題，嚴重到沒辦法從床上站起來，也沒辦法再去店裡。

長女以此爲契機，果斷地放棄了餐飲業。然後她似乎決定從此放下總是忍耐到身體出問題、無法對不喜歡的事物說出不喜歡的自己。

另一方面，二女兒也是同樣不會說出內心的想法，習慣藏在心裡的性格。她高中畢業要決定未來方向時，儘管父母跟她說「如果沒有想做的事，先當飛特族也沒關係」，她仍然因爲學校老師建議考取執照會比較好，就打算要去念醫務的專門學校，我還用盡全力去阻止她。我問她：「妳眞的想要做醫務管理的工作嗎？」她回答：「我也不是想要做，只是老師都那麼說了，而且我朋友也要去。」

那時的我深切地反省過了，意識到自己的教育方式眞的不妥。

我告訴二女兒「算我拜託妳，去做想做的事情吧」後，她才終於把內心的想法說給我聽，表示「她想要成爲女僕、想要成爲偶像」。

接著是我的三女兒，她也被養成了不會說出眞正的想法，盡說些其他事情的孩子。三女兒擁有能夠和任何人都能變要好的溝通能力，她活用了特別受到大人疼愛的能力，加入了經紀公司。

在她進行演藝活動時，由於同時與我前夫意見不合，於是三女兒離開了前夫家，來和一個人住的我一起生活。

在那之後，二女兒像是追在後頭般，也來到了我家，我與二女兒和三女兒的生活拉開了序幕。很快地，我的家庭訓練開始，由於二女兒和三女兒也有參加壞話筆記的講座，她們與我的關係也產生了很大的變化。

二女兒和三女兒變得重視「平等地感受所有的情緒」，進行了「不要累積不滿，而是在整理後說出來」的練習，最後這裡也變得像軍隊一樣。多虧於此，我們變成了可以討論她們對我或前夫的不滿，以及對彼此的眞心話的關係。

長女站在旁觀者的角色，或許是感覺到了什麼，變得常常來我家玩，所以才會有這次的下跪磕頭場景。

爲什麼二女兒和三女兒會不惜向長女下跪磕頭，也要拜託她呢……

因爲她們覺得要是在當偶像的二女兒的「誕生祭現場活動」中，有一個節目是石川家三姊妹組成一個偶像組合登台會很有趣。

我和二女兒及三女兒都抱持著一個疑問，那就是「長女現在到底有沒有在做想做的事？」。其實我碰巧聽到了長女最近有Cosplay參加活動的八卦，所以我預估她不會不想。

三姊妹的偶像組合，我光是想像，鼻血就流個不停。

二女兒無論如何都想讓長女在誕生祭上登台、想讓活動成功，她為了說服長女，和三女兒一起打電話去拜託長女，然而長女堅決地咬定「不可能」，兩人心急如焚，想著要趁長女下次來我們家玩時再拜託她一次。

三女兒：「最近我們找姊姊商量時，妳都只是表達同感，沒有說出自己的意見。在我們看來，只覺得哪裡不太對勁，懷疑『妳真的是這麼想嗎？』。我們很想知道不可能的理由，妳只說『不可能』，我們是不會懂的。」

二女兒：「就算直接說出來也談不攏，所以我們覺得用說的很麻煩。」

長女：「我明明就很清楚地說現在不想那麼做，是妳們太纏人了吧！我都說不可能了！」

三女兒：「所以，希望妳能告訴我們不可能的理由是什麼。」
長女：「不可能的事就是不可能！妳們好煩！」

長女說完這句話後，終於哭出來了。

二女兒和三女兒看著哭泣的長女，露出賊賊的笑容說道：「以前我們常吵架的時候，姊姊更有自己的意見，而且絕對不會改變。我們覺得那樣的姊姊比較好，我們很喜歡喔。」

二女兒和三女兒透過自己的親身體驗，明白重視自己的情緒有多重要，她們想要告訴總是把眞心話吞回去的長女，希望她可以多說眞心話、不要忍著不去做想做的事情，也不要害怕展現情緒。

最終，長女答應和她們組偶像組合。三月的誕生祭活動她實在沒辦法，但聽說這本書在五月舉辦的出版活動，她會願意登台。

終章　能讓人從不幸體質變成幸福體質的壞話筆記

「啊～好幸福♡」不知從何時開始，這句話成了我的口頭禪。

用砂鍋煮飯時。

抱著要洗好的衣服走下樓梯。

因爲熱水袋的溫暖而入睡。

早上睡過頭時。

孩子說「我出門了～」，精神奕奕地外出時。

早上拉開窗簾的百葉窗，看到陽光時。

回家的路上，在附近的豆腐店買了油炸豆皮時。

這些極爲普通的平凡日常，現在都讓我感到非常幸福。

我小時候曾爲錢所苦，所以很嚮往成爲擁有許多東西或許多錢，獲得刺激的豪華體驗，以及社會的成功人士。我從前過著渴望那種生活的人生。可是就算我開了公司、賺到了錢、結了兩次婚，擁有了房子、車子、丈夫、小孩，所有我以前想要到不行的東西，我還是不滿足。

爲我這樣的人生帶來光亮的，是在第3章也登場過的藤本小姐。藤本小姐當時也是有三個孩子的單親媽媽，但她同時也是以「悠哉輕鬆賺」的方式，賺到月收入一千四百萬的創業家。

我看著耀眼的藤本小姐，心想「要怎麼做才能變得像她那樣呢？」，於是我一個接著一個地參加了研討會、講座，國外避靜（Retreat）等，非常努力地把藤本小姐的精髓內化到自己的心中（藤本小姐毫無疑問是壞話筆記的原點）。

此外，我也參加了三百萬圓的認證講師講座，我興高采烈地認爲「這樣我也能變得像藤本小姐了！」，但最終我沒能讓事業走上正軌，在我對自己感到沮喪的同時，我察覺到自己忽視了一件非常重要的事。

沒錯，我在「依賴」別人。

只要付錢、只要去藤本小姐那、只要學會這個、只要考到這張證照，我就成功了。我可以賺到錢，可以獲得理想的生活。我利用參加研討會或講座，逃避自己不想面對日常生活的事實。

「因爲我崇拜她、喜歡她，所以很熱衷也沒關係吧？畢竟我有好好在學習，而且我這麼做也是在爲了未來在做準備。」

我抱持著這種想法，把該做的要事晾在一旁，一味地覺得參加研討會和講座的自己好棒，現在回想起來，我眞的是活在自己的世界……

我原本只是想要理解藤本小姐眞正想傳達的事情。我對自己的想法和感受沒有自信，想在部落格或研討會、書中尋求正確解答和對答案，當我的想法與答案不同時，我甚至會認爲是自己的意見錯了。

眞正的答案明明都在自己的心裡，我卻想成爲不是自己的某人，我處在完全沒有看見自己，外加不認同自己的狀態，在自己缺席的狀態下，即使我想要讓事業變好，也不可能順利地達成。

自此之後，我意識到要重視日常生活。

住的房子、衣服、餐具、家電用品、家具，包含食材還有日常用品，所有會吸收進身體裡的東西，我都盡量選擇安全的，也會留意自己對女兒或朋友，以及因工作認識的人的態度和發言。緊接著，我開始體會到自己過去把日常生活過得有多隨便，並且感受到圍繞在我周遭的環境和人們給了我多少的愛。

我雖然從小就過著曲折離奇，會被人家說「好戲劇化」的人生，但我人生追求的卻是「安安穩穩地過生活」。我後來發現，原來我想要的「安穩的幸福」，其實一直近在眼前。

許多東西或許多錢、刺激的豪華體驗、璀璨奪目的社會上的成功，當然，我到現在都還是覺得「能獲得這些也很好♡」，但前提是我的內心必須很平靜。即使這些願望沒有實現，甚至未來像以前一樣，現實中發生戲劇化的轉折，我也可以打從心底自信地說出「我很幸福」。

因爲我已經脫胎換骨，形成不想變得不幸、也無法變得不幸的體質了。

後記——你也可以透過壞話筆記重獲新生

從小時候算起，我日復一日地持續寫壞話筆記，也寫了相當長的一段時間。尤其是三十歲過後的壞話量，雖說是在筆記裡面，但我都不知道殺幾十人多少次了，次數多到會讓人想吐槽：「妳是連續殺人犯啊！」

從兒時心中的口頭禪就是「去死啦！」「殺了你！」的我，是個很容易感到煩躁，無法壓抑憤怒或想要摔東西等情緒的人。

最終弟妹都怕我，小孩也說「媽媽只要發飆就會失控」「不知道媽媽什麼時候會生氣，光是媽媽嘆口氣我都會坐立難安」。

如今他們已經把這些事情當作笑話看待，不過在二女兒念國中時，發生過傳說中的「寶特瓶事件」。那是我和當時的丈夫吵架時，看不順眼來安慰我的二女兒的態度，於是用裝有大量水的寶特瓶丟她的事件。

那時的我因爲不想做的工作，以及與丈夫的離婚問題，處於精神快要崩潰的時期，但我到現在還是很後悔對女兒做出那件事。這起事件讓我下定決心，覺得真的該改變自己的個性和生活方式了。

後來，我離開原本經營的裝修公司，還欠下債務，爲了想做的工作從琦玉搬到東京。我之所以能做出這麼果斷的決策，是因爲我有明確的目標。

在那之後，我的人生有了一百八十度的大轉變。不僅從各種壓力中獲得解放，還感覺到不在意任何人的眼光，去做喜歡的事的喜悅。我的人際關係也一下子有了改變，遇到眞心支持我做想做的事的人。

從那時起，我的心變得平靜，連我自己都很驚訝。我不再常常覺得心煩意亂，或者是對女兒們發飆大吼，像是換了一個人似的，臉上的表情也逐漸產生變化。連女兒們也跟我說「媽媽，你變得看起來越來越年輕呢」，曾經對我這個自以爲是的母親幻滅並離開的女兒們，再次與我一起生活。

現在二女兒和三女兒付費參加了我的高額講座，三女兒還對我說出「我認爲值得尊敬的大人是媽媽」這樣的話。

這是曾經是大猩猩（大概是大猩猩中最接近人類的人科夥伴——山地大猩猩吧）的我，終於脫胎換骨變成人類的瞬間。

即使是這樣的我，也能在活著的時候重獲新生，所以你一定也可以。

只要有一個人因爲壞話筆記讓往後的人生綻放光芒，便是身爲作者的我最開心的事。

壞話筆記的魔法：釐清負面情緒，沒想到好事就這樣發生了／石川清美 作；陳靖涵 譯. -- 初版 -- 臺北市：如何出版社有限公司，2025.1
224 面；14.8×20.8 公分 --（IDEALIFE；043）
ISBN 978-986-136-723-1（平裝）

1.CST：情緒管理　2.CST：生活指導　3.CST：筆記

176.52　　113017466

Eurasian Publishing Group
圓神出版事業機構
用心與你對話．視野無限寬廣
如何出版社
Solutions Publishing

www.booklife.com.tw　　reader@mail.eurasian.com.tw

IDEALIFE 043

壞話筆記的魔法：釐清負面情緒，沒想到好事就這樣發生了

作　　者／石川清美
譯　　者／陳靖涵
發 行 人／簡志忠
出 版 者／如何出版社有限公司
地　　址／臺北市南京東路四段50號6樓之1
電　　話／（02）2579-6600．2579-8800．2570-3939
傳　　真／（02）2579-0338．2577-3220．2570-3636
副 社 長／陳秋月
副總編輯／賴良珠
責任編輯／柳怡如
校　　對／柳怡如．張雅慧
美術編輯／李家宜
行銷企畫／陳禹伶．朱智琳
印務統籌／劉鳳剛．高榮祥
監　　印／高榮祥
排　　版／杜易蓉
經 銷 商／叩應股份有限公司
郵撥帳號／18707239
法律顧問／圓神出版事業機構法律顧問　蕭雄淋律師
印　　刷／祥峰印刷廠
2025年1月 初版

定價330元　ISBN 978-986-136-723-1